ART TREASURES FROM LIAONING:
AN EXHIBITION CELEBRATING THE 60TH ANNIVERSARY (1954~2014) OF LIAONING ARCHAEOLOGY

辽海遗珍
辽宁考古六十年展
（1954~2014）

辽宁省博物馆
辽宁省文物考古研究所
编著

文物出版社

责任印制：陆 联
责任编辑：杨新改 李 红
装帧设计：李 红

图书在版编目（CIP）数据

辽海遗珍 ：辽宁考古六十年展 ：1954～2014 / 辽宁省博物馆，辽宁省文物考古研究所编著. -- 北京 ：文物出版社，2014.8
ISBN 978-7-5010-4048-3

Ⅰ. ①辽… Ⅱ. ①辽… ②辽… Ⅲ. ①文物－考古－辽宁省 Ⅳ. ①K872.31

中国版本图书馆CIP数据核字(2014)第152716号

辽海遗珍——辽宁考古六十年展（1954~2014）

编　　著　辽宁省博物馆　辽宁省文物考古研究所

出版发行　文物出版社
社　　址　北京市东直门内北小街2号楼
网　　址　www.wenwu.com
邮　　箱　web@wenwu.com
制版印刷　北京图文天地制版印刷有限公司
经　　销　新华书店
开　　本　889×1194　1/16
印　　张　20.25
版　　次　2014年8月第1版
印　　次　2014年8月第1次印刷
书　　号　ISBN 978-7-5010-4048-3
定　　价　450.00元

展览主办单位　辽宁省文化厅　辽宁省文物局

展览承办单位　辽宁省博物馆　辽宁省文物考古研究所

展览协办单位　沈阳市文物考古研究所
葫芦岛市博物馆
绥中县文物管理所

展出地点　辽宁省博物馆展馆二层1号展厅

开展时间　2014年5月20日

前言

1921年6月，瑞典地质学家安特生发掘南票沙锅屯遗址，开启了辽宁考古工作的先河。1954年4月，东北地区文物工作队成立，与东北博物馆合署办公，辽宁有了专门的考古机构，辽宁乃至东北地区田野考古事业揭开了崭新一页。同年9月，东北地区文物工作队并入东北博物馆，称东北博物馆文物工作队。1959年1月，东北博物馆更名为辽宁省博物馆，东北博物馆文物工作队亦改称辽宁省博物馆文物工作队。1987年1月，辽宁省文物考古研究所成立，辽宁考古事业迈入了全面发展的新阶段。自1954年成立专门考古机构至今，辽宁考古走过了六十年的辉煌历程。

六十年来，我们先后开展了数十项主动性考古发掘，配合中国国家博物馆率先进行了水下考古，实施了数百项大中型基本建设过程中的文物保护工作，先后有八个项目入选全国十大考古新发现，三个考古项目荣获国家田野考古奖，奠定了辽宁考古在全国考古界的地位。

六十年来，我们编辑出版了数十部考古发掘报告和学术文集，与国内相关高等院校、科研院所及美、日、韩、以色列等国家开展了调查、发掘、展览等多种形式的学术交流活动，取得了多项学术研究成果，扩大了辽宁考古在国内外学术界的影响。

六十年春华秋实，一甲子耕耘收获。辽宁考古人付出了艰辛汗水，取得了丰硕成果，不仅抢救保护了一大批珍贵文化遗产，展示传承了辽宁悠久的历史文化，也有力地支持了地方经济建设，为服务老工业基地全面振兴做出了重要贡献。本展览旨在以珍贵的出土文物、丰富的考古资料、深厚的历史积淀，为广大观众奉献独具特色的古代辽宁文化盛宴。

辽宁省重要考古发现分布示意图

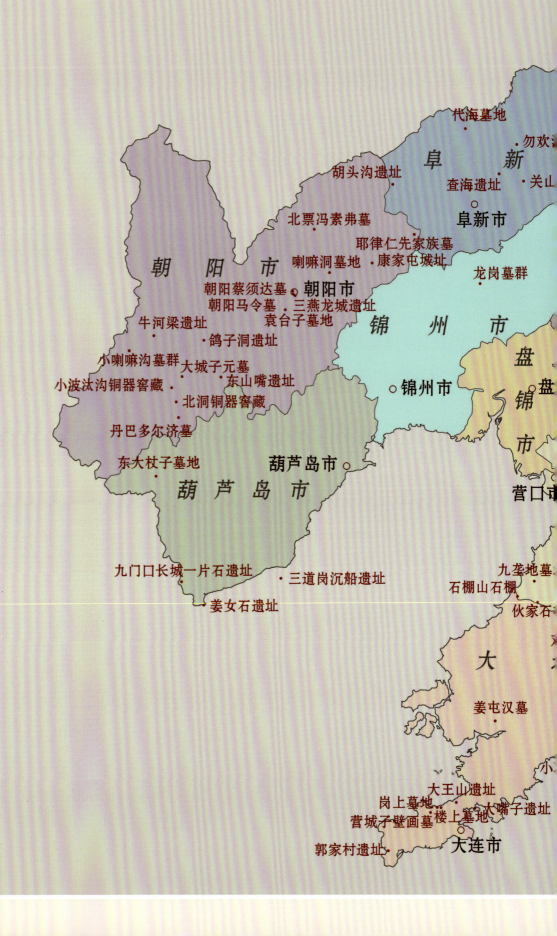

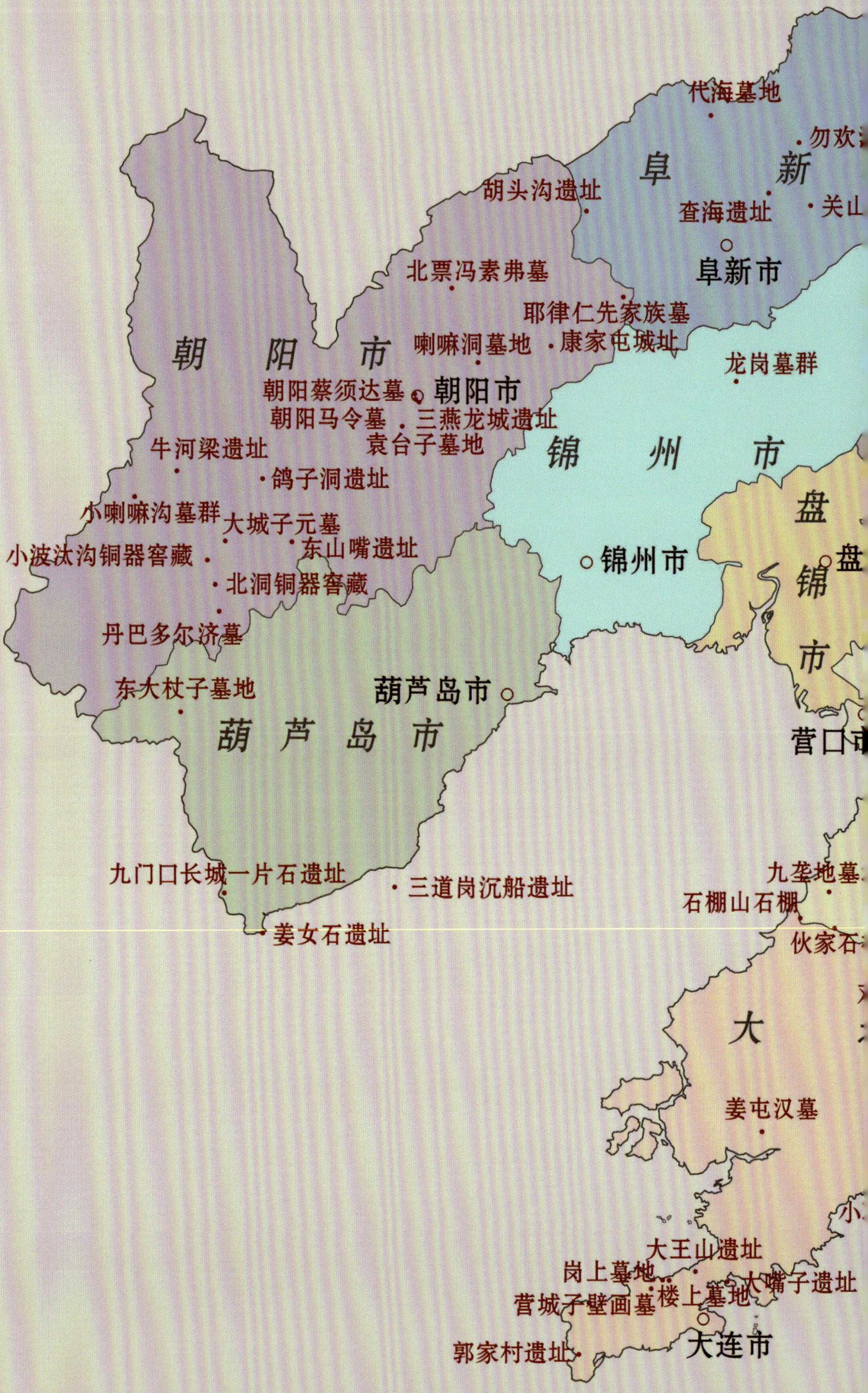

代海墓地
阜
新
胡头沟遗址
查海遗址
阜新市
北票冯素弗墓
耶律仁先家族墓
喇嘛洞墓地
康家屯城址
龙岗墓群
朝
阳
市
朝阳蔡须达墓
朝阳市
朝阳马令墓
三燕龙城遗址
袁台子墓地
锦
州
市
牛河梁遗址
鸽子洞遗址
盘
小喇嘛沟墓群
大城子元墓
东山嘴遗址
锦州市
小波汰沟铜器窖藏
北洞铜器窖藏
锦
丹巴多尔济墓
市
东大杖子墓地
葫芦岛市
葫
芦
岛
市
九门口长城一片石遗址
三道岗沉船遗址
石棚山石棚
姜女石遗址
大
姜屯汉墓
大王山遗址
岗上墓地
大嘴子遗址
楼上墓地
营城子壁画墓
大连市
郭家村遗址

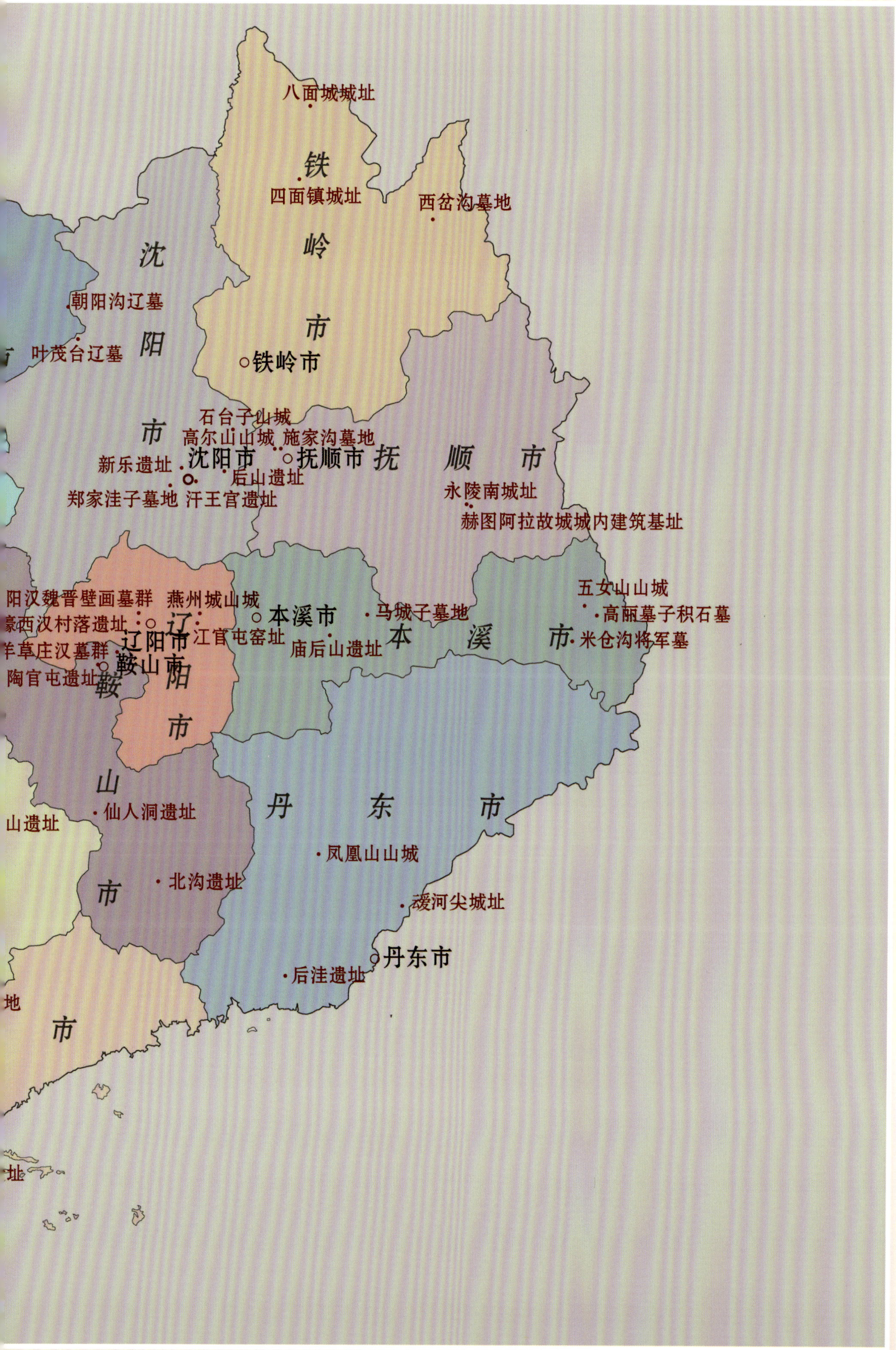
八面城城址
铁
四面镇城址
西岔沟墓地
岭
沈
朝阳沟辽墓
市
阳
叶茂台辽墓
铁岭市
石台子山城
市
高尔山山城
施家沟墓地
新乐遗址
沈阳市
抚顺市
抚
顺
市
后山遗址
永陵南城址
郑家洼子墓地
汗王宫遗址
赫图阿拉故城城内建筑基址
阳汉魏晋壁画墓群
燕州城山城
五女山山城
高丽墓子积石墓
西汉村落遗址
辽
本溪市
马城子墓地
本
溪
市
米仓沟将军墓
江官屯窑址
辽阳市
庙后山遗址
草庄汉墓群
鞍山市
陶官屯遗址
鞍
阳
市
山
丹
东
市
仙人洞遗址
山遗址
凤凰山山城
市
北沟遗址
叆河尖城址
丹东市
后洼遗址
地
市
址

目录

第一单元

旧石器时代考古

60年来，辽宁共发现旧石器时代遗址60余处。距今约50万~14万年的本溪庙后山遗址，发现了大量技术先进、打制精美的石片石器，是目前我国已知的旧石器时代早期最北的人类活动地点；距今约28万年的营口金牛山遗址，发现了近乎完整的成年女性人骨化石，为研究直立人如何向早期智人过渡提供了珍贵标本，被评为“1984年世界十大科技进展项目”之一；在距今约6万~2万年的海城仙人洞遗址，发现了数以万计的石制品及精美骨制品，表明仙人洞人是当时中国境内拥有最先进工具的群体，具备了进一步拓展生存空间的能力。考古发掘证明，辽宁旧石器文化主要受华北旧石器文化影响，并辐射到了整个东北亚地区。

1

庙后山遗址

位于本溪满族自治县小市镇
山城子村庙后山南坡。
1978年发现，
1979、1980、1982、2012年均有发掘。
遗址内出土有丰富的石制品、人类化石、
大量的动物化石及灰烬等人类活动遗迹。
该遗址是我国迄今为止
最靠东北部的旧石器时代早期的洞穴遗址，
它的发现证明，
早在距今40万年前，
与北京猿人在华北生活的同时，
地处关外的辽东地区也有人类活动。

遗址外景

肿骨鹿下颌骨

庙后山遗址出土

长17.6厘米

中国缟鬣狗下颌骨

庙后山遗址出土

长10.1厘米

梅氏犀上臼齿

庙后山遗址出土

长6、宽4.7、高5.5厘米

尖状器

庙后山遗址出土
长6.5厘米

尖状器

庙后山遗址出土
长5.8、宽5.1厘米

碰砧石片

庙后山遗址出土
长13、宽6.6厘米

2

金牛山遗址

位于营口大石桥市永安镇西田屯村金牛山。
1974～1994年，
先后进行了十次发掘。
遗址中发现了人类化石、
人类用火遗迹——烧骨、烧土和炭屑、
少量石制品以及丰富的
第三纪和早、中更新世的动物化石。
其中55块人类化石
同属于一个20余岁女性个体，
其完整性在国内外均比较罕见，
这一发现填补和连接了
人类进化序列上的重要缺环，
对研究直立人向早期智人转变
具有重要学术价值。

遗址全景

转角羚羊角

金牛山遗址出土
高26.8厘米

烧骨

金牛山遗址出土
长3.1～4.4、宽1.8～2.3厘米

梅氏犀左下颌骨

金牛山遗址出土
长32.6厘米

大角鹿左下颌骨

金牛山遗址出土
长34厘米

野猪头骨

金牛山遗址出土
长25.8厘米

棕熊头骨

金牛山遗址出土
长28.8厘米

直刃刮削器、尖状器

金牛山遗址出土

长3.3～4.4、宽2.1～3厘米

凸刃刮削器

金牛山遗址出土

长5、宽4厘米

3

鸽子洞遗址

位于喀喇沁左翼蒙古族自治县
水泉乡瓦房村北山鸽子洞内。
1965年调查发现，
1973、1975年两次发掘。
出土颞骨、顶骨残块和一块髌骨等人类化石，
羚羊、鹿等6目26个种属的动物化石，
以及原料多样的打制石器。
其文化特征与周口店第一地点
和第十五地点极其相似，
说明鸽子洞文化
与北京猿人文化有密切关系，
是旧石器文化
由华北向东北发展的重要遗址。

遗址全景

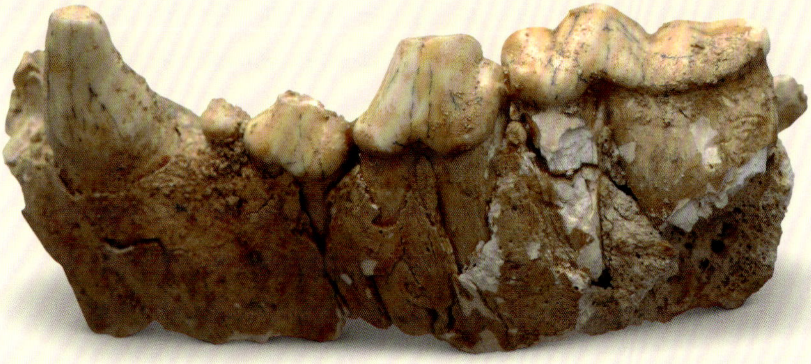

最后斑鬣狗右上颌骨

鸽子洞遗址出土
长13.2厘米

岩羊角

鸽子洞遗址出土
高8.2厘米

砍砸器

鸽子洞遗址出土
长6.8、宽8.4、厚4.5厘米

刮削器、尖状器

鸽子洞遗址出土
长4.7～5.8厘米

4

后山遗址

位于沈阳农业大学后山果园，
坐落在浑河右岸
Ⅲ级基座阶地顶部的南侧。
2012、2013年
由沈阳市文物考古研究所等进行两次发掘，
确定该遗址的第2～6层为旧石器文化层。
发现一组具有人工建筑特点的遗迹，
出土手镐、盘状石核、尖状器、
砍砸器、刮削器、石核、石片等打制石器。
该遗址的发现，
将沈阳地区有人类活动的历史
从新乐文化的7200年，
提前至距今11万年左右。

遗址地形地貌

刮削器

后山遗址2012SSHT035159②出土
长5.05、宽3.28、厚1.36厘米

石片

后山遗址2012SSHT107135②出土
长4.22、宽6.24、厚1.17厘米

单台面石核

后山遗址2012SSHT106136③出土
长5.35、宽6.19、厚7.06厘米

多台面石核

后山遗址2012SSHT108135③出土
长5.19、宽5.87、厚3.36厘米

尖状器

后山遗址2012SSHT036158④出土

长5.39、宽5.53、厚2.78厘米

盘状石核

后山遗址2012SSHT107136⑤出土

长15.6、宽12.34、厚7.89厘米

石片

后山遗址2013SSHT094137⑤出土

长5.35、宽5.53、厚1.72厘米

石手镐

后山遗址2013SSHT088136⑤出土

长17.25、宽8.51、厚5.28厘米

5

仙人洞遗址

位于海城市东南45千米的孤山镇
孤山村东的青云山仙人洞内，
1975年发现，
1981、1983年两次发掘。
发现石制品、骨角器、装饰品等
遗物1000余件，
以及晚期智人化石、大量哺乳类、鸟类、
鱼类化石及灰烬层。
这些都是研究旧石器时代晚期
人类在东北地区发展历史的重要材料，
为复原当时人类生活提供了珍贵的资料。

遗址外景

野马下颌骨

仙人洞遗址出土
长23.5厘米

披毛犀左上颌骨

仙人洞遗址出土
长26.2厘米

直刃刮削器

仙人洞遗址出土
长8.7、宽4.1厘米

凸刃刮削器

仙人洞遗址出土
长 6.4、宽3.6厘米

砍砸器

仙人洞遗址出土
长6.5、宽6.3厘米

石球

仙人洞遗址出土
最大直径7.4厘米

尖状器

仙人洞遗址出土
长6、宽3.5厘米

石钻具

仙人洞遗址出土
长3.4、宽3厘米

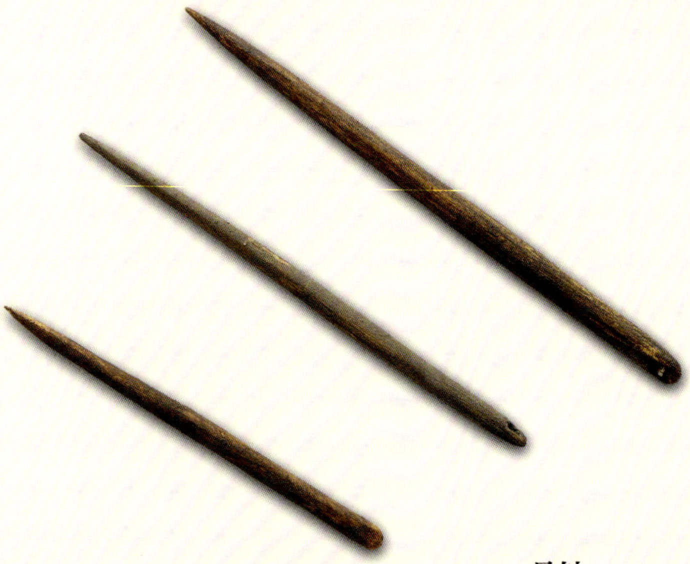

骨针

仙人洞遗址出土
长5.6～7.7厘米

钻孔骨、牙质装饰品

仙人洞遗址出土

长1.6～3.3、宽0.6～ 1.6厘米

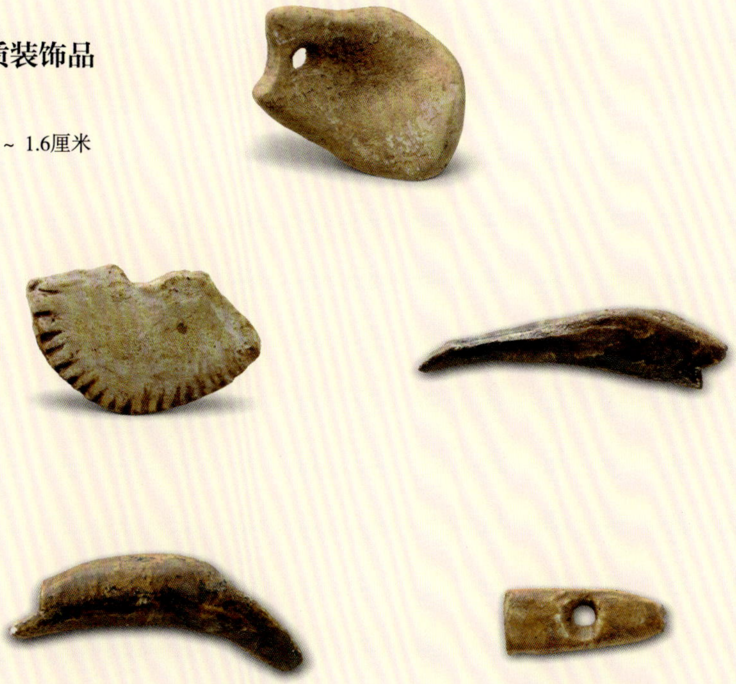

骨鱼叉

仙人洞遗址出土

长18.6、宽2厘米

骨标枪头

仙人洞遗址出土

长8、宽2厘米

第二单元

新石器时代考古

截至目前，辽宁已知新石器时代遗址数百处。从亲缘关系看，此时的东北属同一文化区，其中以辽西的考古学文化起步最早、社会发展程度最高。在距今8000年前的阜新查海遗址，发现了“龙形”堆石、堆塑“龙纹”陶罐等体现凝聚族群意识的遗迹与遗物。位于朝阳地区的牛河梁红山文化遗址群占地50余平方千米，由祭坛、女神庙、积石冢等构成一个祭天、地、人的有机整体，积石冢内随葬大量形态各异的精美玉器寓意深刻，女神头像的出土让我们第一次见到了中华民族共祖的真容，显示出这里是具有“古国”性质的社会实体的宗教活动中心，从而将中华文明的历史提前了近千年，并引发了人们对中华文明发展道路的新思考。

6

查海遗址

位于阜新蒙古族自治县
沙拉乡查海村西2.5千米，
1982年文物普查时发现，
1986～1994年，
先后进行了七次发掘。
遗址由房址、墓葬、灰坑及外围环壕组成，
出土丰富的陶器、玉器和石器。
该遗址是辽宁地区发现的
规模最大的兴隆洼文化聚落，
为研究我国北方新石器时代早期阶段的
聚落布局、房屋建筑、
生活方式、葬俗、生态等
提供了一批全新的考古资料。

石堆龙

陶直腹罐

查海遗址出土

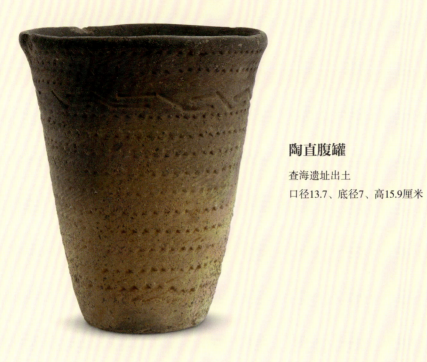

口径13.7、底径7、高15.9厘米

陶直腹罐

查海遗址F25出土

口径21.5、底径13.2、高30厘米

陶斜直腹罐

查海遗址F39出土

口径33.6、底径15.4、高39.9厘米

陶罐

查海遗址F2出土
口径12.9、底径6、高12.6厘米

石铲

查海遗址采集
长17.7、宽15、厚2厘米

石铲

查海遗址F7出土

长20.1、宽13.6、厚2.1厘米

砥石

查海遗址T52②出土

长7.6、宽4.5、厚2.5厘米

7

后洼遗址

位于丹东东港市
马家店镇三家子村后洼屯。
1981年文物普查时发现，
1983、1984年两次发掘。
遗址分上下两层，
发现多处房址、灰坑等遗迹，
出土大量陶器、生产工具
和精美的雕塑艺术品。
该遗址的发现为研究原始社会形态、
雕塑艺术、古地理、古气候
以及辽东、山东、朝鲜半岛
等地新石器时代文化分区与发展序列，
提供了重要的资料。

遗址全景

陶罐

后洼遗址ⅢT5④出土

口径21、底径14.6、高22.5厘米

陶罐

后洼遗址ⅤT24④出土

口径15.7、底径9.4、高17.2厘米

陶罐

后洼遗址ⅤT24④出土

口径14.2、底径9、高16.2厘米

陶罐

后洼遗址ⅡT10④出土
口径11.9、底径10.7、高17厘米

陶壶

后洼遗址ⅤT1④出土
口径8.7、底径9.4、高16.7厘米

滑石网坠

后洼遗址ⅤT27④出土
长5.2、宽3.9、厚1.78厘米

陶有座头像

后洼遗址出土
高5.9厘米

陶猴头

后洼遗址出土
高4.45厘米

滑石人头像

后洼遗址出土
高4.35厘米

滑石人半身像

后洼遗址出土
高4.6厘米

石凿

后洼遗址ⅠT12④出土

长5.5、宽2.5、厚0.77厘米

石镞

后洼遗址T16③出土

残长3.4、宽1.24厘米

骨凿

后洼遗址ⅠT15③出土

长3.59、宽0.87厘米

8

牛河梁遗址

位于朝阳市凌源、建平两县交界处，
现已命名了16处相关联的遗址点。
除第一地点“女神庙”、
第十三地点“金字塔”式特殊建筑外，
其他地点皆为积石冢遗迹。
1981年文物普查时发现，
1983～2003年
对第二、三、五、十六地点进行发掘，
出土大量泥塑、陶器及玉器。
该遗址群是我国目前发现新石器时代最早、
保存最完整的集坛、庙、冢为一体的
大型宗教祭祀遗址。

第十六地点航拍

陶人像

牛河梁遗址第五地点上层二号冢出土
残高9.6厘米

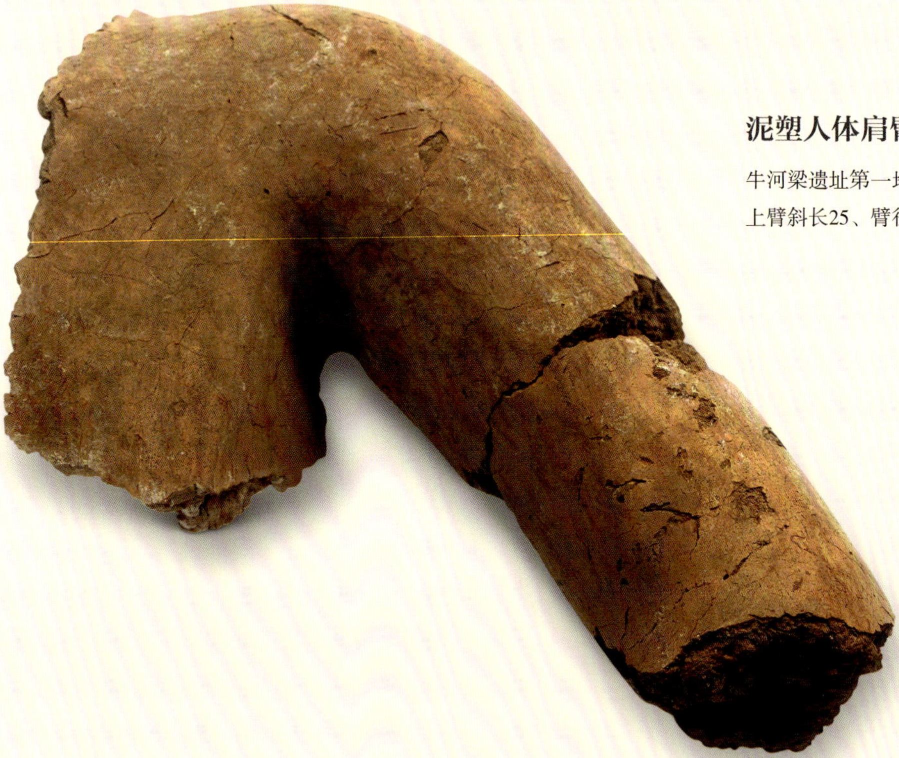

泥塑人体肩臂残件

牛河梁遗址第一地点“女神庙”出土
上臂斜长25、臂径9厘米

泥塑人耳

牛河梁遗址第一地点“女神庙”出土
残长16、残宽9.6厘米

陶塑人面残件

牛河梁遗址第三地点G2出土
残宽8.8、通高8厘米

泥塑禽爪

牛河梁遗址第一地点“女神庙”出土

残长13.5、14.5厘米

泥塑熊爪

牛河梁遗址第一地点“女神庙”出土

残长14.3厘米

彩陶盖罍

牛河梁遗址第二地点四号冢M5出土
口径10.5、底径11.6、通高40.4厘米

彩陶筒形器

牛河梁遗址第二地点四号冢出土
口径23.5、底径23、高22厘米

彩陶塔形器

牛河梁遗址第二地点二号冢出土

底径44.6、通高55厘米

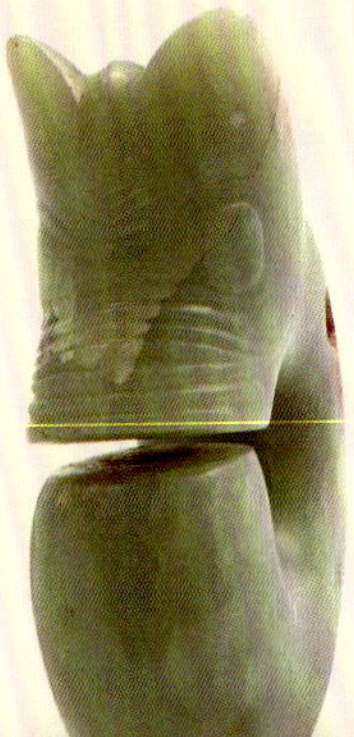

玉猪龙

牛河梁遗址第二地点一号冢M4出土

高10.3厘米

玉猪龙

建平县富山镇征集

高14.1厘米

玉人

牛河梁遗址第十六地点M4出土

通高18.5厘米

玉凤（鹄）

牛河梁遗址第十六地点M4出土

长20.43、宽12.71厘米

玉斜口箍形器

牛河梁遗址第二地点一号冢M4出土

通长18.6厘米

龟形玉饰

牛河梁遗址第二地点一号冢M21出土
龟背长5.3、宽4.1、通高2.7厘米

兽面玉饰

牛河梁遗址第二地点一号冢M27出土

宽28.6、高9.8厘米

双人首三孔玉饰

牛河梁遗址第二地点一号冢M17出土

长6.8、最宽3.1厘米

勾云形玉佩

牛河梁遗址第二地点一号冢M24出土

长17.9、宽10.8厘米

双鸮玉佩

牛河梁遗址第二地点一号冢M26出土

通长12.9、宽9.5厘米

龙凤玉佩

牛河梁遗址第二地点一号冢M23出土

长10.3、宽7.8厘米

鸮（凤）首玉饰

牛河梁遗址第二地点一号冢出土

长3.1厘米

瓦沟纹玉臂饰

牛河梁遗址第三地点M9出土

弧长8、通高6.2厘米

玉璧

牛河梁遗址第五地点一号冢M1出土

最大外径12～12.9、内孔径3.3～3.9厘米

玉鳖

牛河梁遗址第五地点一号冢M1出土

通长9、宽7.8厘米

玉鳖

牛河梁遗址第五地点一号冢M1出土

通长9.4、宽8.5厘米

玉钺

牛河梁遗址第二地点一号冢M23出土
长12.4、最宽10.5厘米

玉蝈蝈

牛河梁遗址第五地点二号冢M9出土
长5.5厘米

玉蝗虫

牛河梁遗址第十六地点一号冢出土
长5.4、宽1.4、高2.35厘米

9

北沟遗址

位于岫岩满族自治县
岫岩镇西北2.5千米的西北营子村墙里屯北沟。
1987年发掘。
出土大量的具有北方特色的
刻划几何纹、“人”字纹陶罐和陶壶，
以及颇具龙山文化特征的磨光黑陶器。
该遗址的发现为辽宁地区
新石器时代考古研究提供了新的资料，
对考古学文化
在不同区域的交流与交流方式的探讨
具有重要意义。

遗址全景

陶折沿罐

北沟遗址T1④出土

口径13.9、底径5.8、高20.8厘米

陶折沿罐

北沟遗址T3②出土

口径 13.8、底径6.9、高19.5厘米

陶罐

北沟遗址ⅢT18④出土
口径10.6、底径6.2、高12.3厘米

陶纺轮

北沟遗址BXT11②出土
直径5.94、厚1.65厘米

花纹陶片

北沟遗址T15②出土
直径4.66、厚0.57厘米

陶网坠

北沟遗址BGT9①出土
长3.3、宽1.5厘米

陶网坠

北沟遗址BGT19③出土
长2.5、宽2厘米

陶网坠

北沟遗址T13F1②出土
长3.45、宽2.15厘米

陶网坠

北沟遗址T10③出土
长3.33、宽2.27厘米

玉锛

北沟遗址T18F2出土
长6.7、宽1.9厘米

双孔石刀

北沟遗址T6①出土
残长9.2、宽4.2厘米

三孔石刀

北沟遗址BXT11①出土
长6.9、宽2.3厘米

石饰件

北沟遗址F8出土
长5.57、宽2.2厘米

单孔石刀

北沟遗址T12F1出土
长4.53、宽3.25厘米

石镞

北沟遗址T6②、BXT6③、BXT4③、BXT4③、BXT18③、T6①出土
长2.6～3.9、宽1～1.75厘米

石镞

北沟遗址T14②、T7①、T13②、T15①出土

长1.77～4.14、宽1.4～1.79厘米

第三单元

青铜时代考古

就辽宁而言，青铜时代指夏至战国时期，目前已发现数以千计的遗址，极大丰富了此时期的辽宁历史文化内涵。在辽西发现了分布密集的夏家店下层文化城址，其内部建筑设施功能齐全，北票康家屯城址就是其中的典型代表，显示出早在夏代，在这里存在一个与夏比肩、两者关系极为密切的“方国”。辽西发现的多处青铜器窖藏表明，商周文化对这一区域产生了重大影响。进入西周以后，辽东居民生前使用独特的东北系铜剑，死后葬于规模宏大的石构墓葬中，并以此为主要特征，形成了“辽东文化圈”，其影响可西越下辽河，远及朝鲜半岛及日本。辽阳新城子、建昌东大杖子等墓地的发现表明，战国晚期几乎整个辽宁都已属于燕的势力范围。

10

康家屯城址

位于北票市大板镇康家屯村
小波台沟组北1000米处。
1997～2001年发掘。
城址面积13000平方米，
发掘了8500平方米。
城址北部被大凌河冲毁，
原呈方形或长方形，
发掘了城墙、马面、灰坑等遗迹，
出土大量陶器、石器、骨器等遗物。
该城址是辽宁地区
迄今规模最大的夏家店下层文化的石城址，
对研究夏家店下层文化面貌
具有重要意义。

城址远景

陶甗

康家屯城址99T2908③出土

口径33、高50厘米

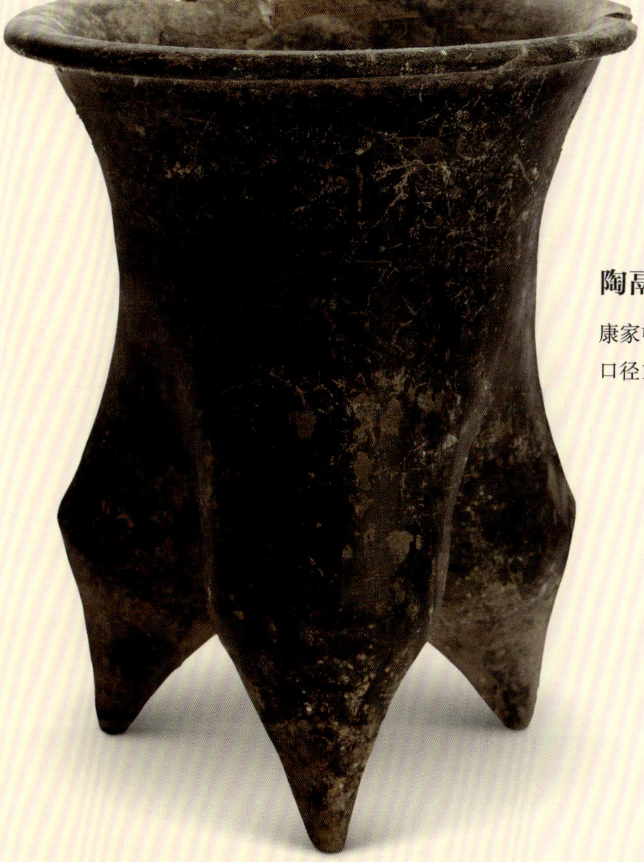

陶鬲

康家屯城址99J9出土

口径15.5、高18.5厘米

陶鬲

康家屯城址98H34出土

口径10、高12厘米

陶尊

康家屯城址99J12出土

口径20、底径 7.8、高16.1厘米

彩绘陶壶

康家屯城址98J1出土

口径8.3、底径6.8、高12.4厘米

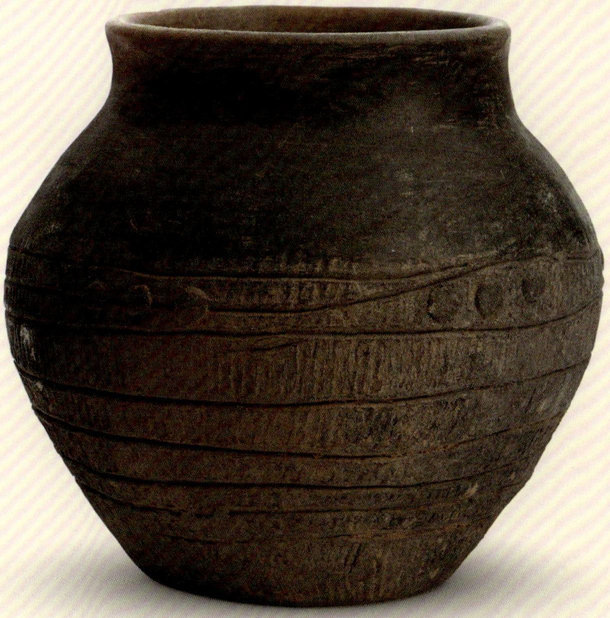

陶罐

康家屯城址98J1出土

口径10.6、底径8.4、高14.7厘米

石斧

康家屯城址98J1出土

长14.3、宽5.4、厚0.9厘米

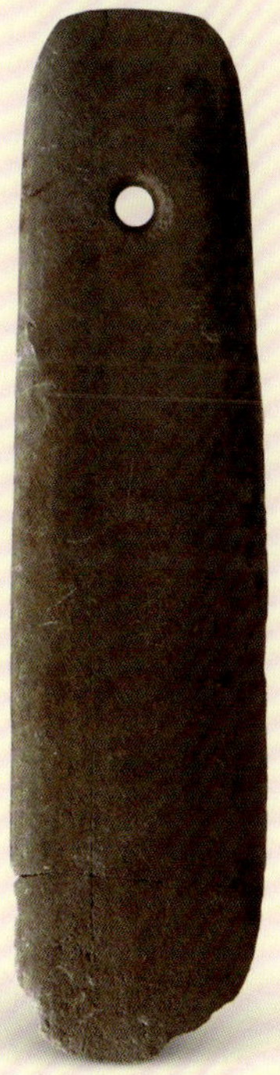

石斧

康家屯城址98J1出土

长18.9、宽4.8、厚1.6厘米

石斧

康家屯城址98J12出土

长11.1、刃宽 5.3、厚 3.7厘米

石刀

康家屯城址98T1314③出土

长12、宽3.8、厚0.9厘米

石刀

康家屯城址98J1出土

长12.5、宽4.5、厚1.7厘米

石铲

康家屯城址98T0918③出土

长14.3、刃宽10.5、厚3.3厘米

骨镞

康家屯城址98H37出土

长7.5、翼宽0.7厘米

骨针

康家屯城址98H10出土

长8、直径0.2厘米

石镞

康家屯城址98T1314⑤出土

长4.8、翼宽1.1、厚0.2厘米

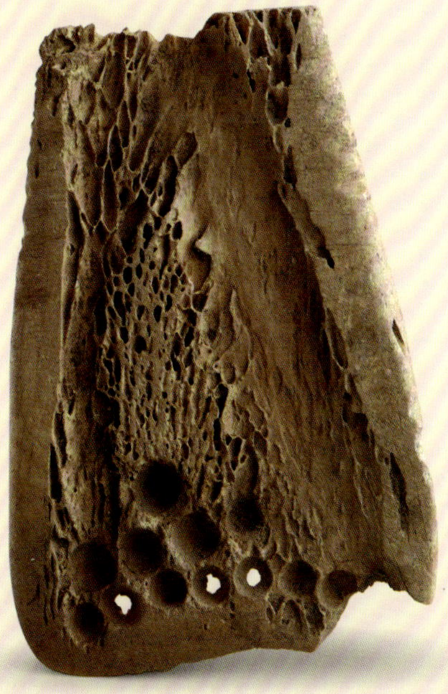

卜骨

康家屯城址98T1513出土

长9.3、底部宽6.4、厚0.9厘米

11

大王山遗址

位于大连市甘井子区大连湾街道
拉树房村西南的大王山南坡上，
2012～2013年发掘。
该遗址是大型青铜时代聚落址，
共发掘房址55座、石砌平台5座、道路数条，
出土陶器、石器、骨器等
各类遗物千余件。
该遗址海拔高、面积大、文化内涵丰富，
为研究辽东半岛南部地区的
青铜时代考古学文化
提供了一批丰富的实物资料。

遗址全景

陶罐

大王山遗址F4出土

口径17.3、底径11.4、高43厘米

陶罐

大王山遗址F6出土

口径20.2、底径8.8、高24厘米

陶罐

大王山遗址F18出土

口径16.6、底径6.4、高14.3厘米

陶壶

大王山遗址F4出土

口径17.4、底径10.4、高36.9厘米

陶壶

大王山遗址F8出土

口径9.1、底径5.8、高24厘米

石剑

大王山遗址T1115①出土

长21、剑身宽6.8、厚1.4厘米

石钺

大王山遗址T0614①出土

长13.7、刃宽12.3、厚1.6厘米

石斧

大王山遗址T1115①出土
残长14.2、刃宽8.7、厚3厘米

环状石器

大王山遗址F10出土
直径7.3、孔径1.9厘米

石刀

大王山遗址T0915②出土
长13.1、宽4.4、厚0.6厘米

骨笄

大王山遗址T1607②出土
长17.8、直径0.6厘米

角锥

大王山遗址T1213①出土
长6.8厘米

牙饰

大王山遗址T0511②出土
残长4.6、孔径0.4厘米

12

代海墓地

发掘现场

位于阜新蒙古族自治县旧庙镇
代海村西代海营子屯北约500米处，
2009年发掘。
共发掘墓葬62座、
灰坑30个、灰沟4条，
墓葬有不甚明显的成排现象。
其中54座墓随葬有陶器、青铜器、
蚌壳制品及贝类饰品等遗物，
数量不等。
代海墓葬的文化面貌
既具有夏家店下层文化、
又具有高台山文化的某些特点，
反映了
两种考古学文化在此地区的交流与融合。

陶罐

代海墓地M8出土

口径4.4、底径4.1、高7.3厘米

陶单耳罐

代海墓地M61出土

口径5、底径4.1、高7.5厘米

陶壶

代海墓地M8出土

口径10.3、底径8、高25.6厘米

陶鬲

代海墓地M29出土

口径11.2、高11.7厘米

陶鬲

代海墓地M47出土

口径16.5、高26.1厘米

陶钵

代海墓地M1出土

口径8、底径4.3、高5.5厘米

陶钵

代海墓地M8出土

口径13.9、底径4.7、高8.3厘米

陶钵

代海墓地M40出土

口径19.7、底径7.1、高12.1厘米

铜镞

代海墓地M8出土

长5.2～5.3、铤直径0.5厘米

铜环

代海墓地M20出土

环直径3.2～3.4、铜丝直径0.3厘米

13

马城子墓地

位于本溪满族自治县南甸乡马城子村东、
太子河右岸断崖上的三处洞穴内，
洞穴编号分别为A、B、C。
1979年文物普查时发现，
1983、1985年两次发掘，
共发掘66座墓葬。
葬俗独特，
有火葬、拣骨葬，
随葬动物骨骼等。
出土大量陶器、石器、骨器、装饰品。
该墓地具有独特的文化面貌，
为研究
辽东地区青铜时代文化提供了重要资料。

墓地外景

陶壶

马城子墓地M8出土

口径6.5、底径5.3、高17.6厘米

陶壶

马城子墓地M25出土

口径6.4、底径5.3、高14.6厘米

陶壶

马城子墓地M30出土

口径7.1、底径6、高13.3厘米

陶碗

马城子墓地M20出土

口径18、底径8.2、高8.1厘米

陶碗

马城子墓地M5出土
口径17.1、底径10、高6厘米

陶钵

马城子墓地M46出土
口径13、底径5.4、高6.8厘米

石斧

马城子墓地M46出土
长15.9、宽9.16、厚2.18厘米

石棍棒头

马城子墓地M24出土
外径8.5、孔径2.9、厚6.2厘米

14

喀左青铜器窖藏

集中分布于
大凌河上游的喀拉沁左翼蒙古族自治县境内，
1955～1979年陆续发现有
马厂沟、北洞、山湾子、小波汰沟
等六处青铜器窖藏。
所出的青铜器几乎都是
鼎、簋、盂、卣、壶、盘、罍等大型器，
尚未见爵一类的酒器，
年代在商末周初之间。
近三分之一的青铜器铸有铭文，
铭文多为族徽，
与北京房山琉璃河
西周燕国墓地出土的青铜器铭文
有十分密切的联系，
对研究周初的燕国历史有重要意义。

北洞孤山外景

北洞2号坑出土青铜器情况

“史伐”卣

马厂沟窖藏出土

口径16.5×20.5、通高24.5厘米

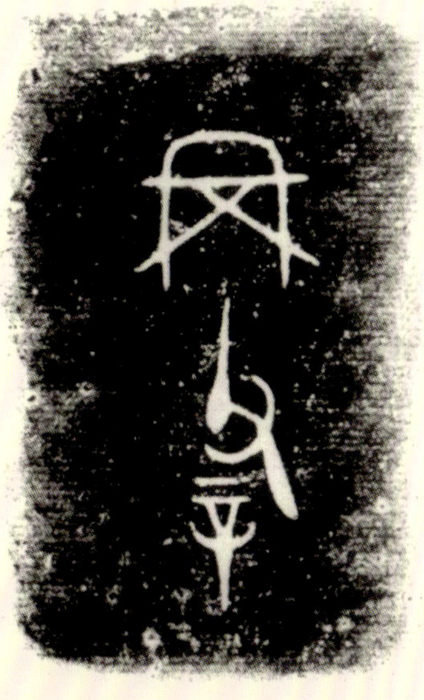

“冈父辛”鼎

北洞村窖藏出土

口径28、通高36.2厘米

雷乳纹簋

山湾子窖藏出土

口径26.4、底径19.9、高18.1厘米

饕餮纹甗

山湾子窖藏出土

口径25.1、通高41.2厘米

“登屰”方罍

小波汰沟窖藏出土

口径17.3×15.8、通高51.3厘米

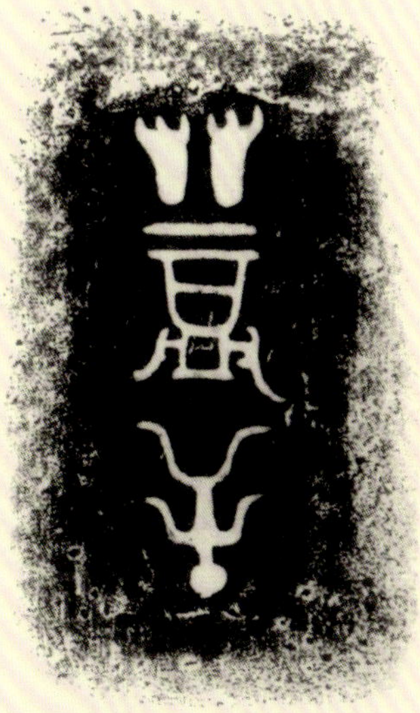

15

喇嘛洞青铜短剑墓

位于北票市南八家乡
四家板村喇嘛洞村民组西山南坡上，
是喇嘛洞墓地的一部分。
墓地1993～1998年先后五次发掘。
总计清理墓葬435座，
墓葬顺山势成排布列。
其中青铜时代墓葬12座，
均为石椁墓，
出土陶器、曲刃青铜短剑等随葬品。
这一批墓葬
为研究辽西地区青铜时代文化序列
和东北系青铜短剑
提供了宝贵的实物资料。

Ⅱ区M306

陶罐

喇嘛洞青铜短剑墓墓地M306出土

口径7.5、底径5.7、高11厘米

铜凿

喇嘛洞青铜短剑墓墓地M306出土

长9.8、最宽处3.1、厚1.6厘米

铜斧

喇嘛洞青铜短剑墓墓地M306出土

长6.3、刃宽3.8厘米

曲刃青铜短剑

喇嘛洞青铜短剑墓墓地M306出土

长28.1厘米

16

东大杖子墓地

位于建昌县碱厂乡东大杖子村内，
自2000年始，
进行了多次抢救性发掘，
清理墓葬47座。
墓葬多为东西向，
形制均为土圹竖穴木椁（棺），
墓葬分填土墓与封石墓两类，
规模有大、中、小三种，
墓葬排列尚无明确的规律可循。
出土各类随葬器物近千件，
特别是嵌金柄的曲刃青铜短剑、
双胡戈等诸多器物
为东北地区青铜时代考古的首次重大发现。

墓地全景

彩绘陶盖壶

东大杖子墓地2011M40出土

口径18.8、底径25、通高82厘米

彩绘陶盖豆

东大杖子墓地2011M40出土

口径20.5、底径19.5、通高56厘米

陶鼎

东大杖子墓地2001M20出土
口径13、通高13.8厘米

陶盉

东大杖子墓地2000M4出土
口径11.4、底径9.7、高16.9厘米

陶壶

东大杖子墓地2000M15出土

口径13.2、底径15.7、通高37.9厘米

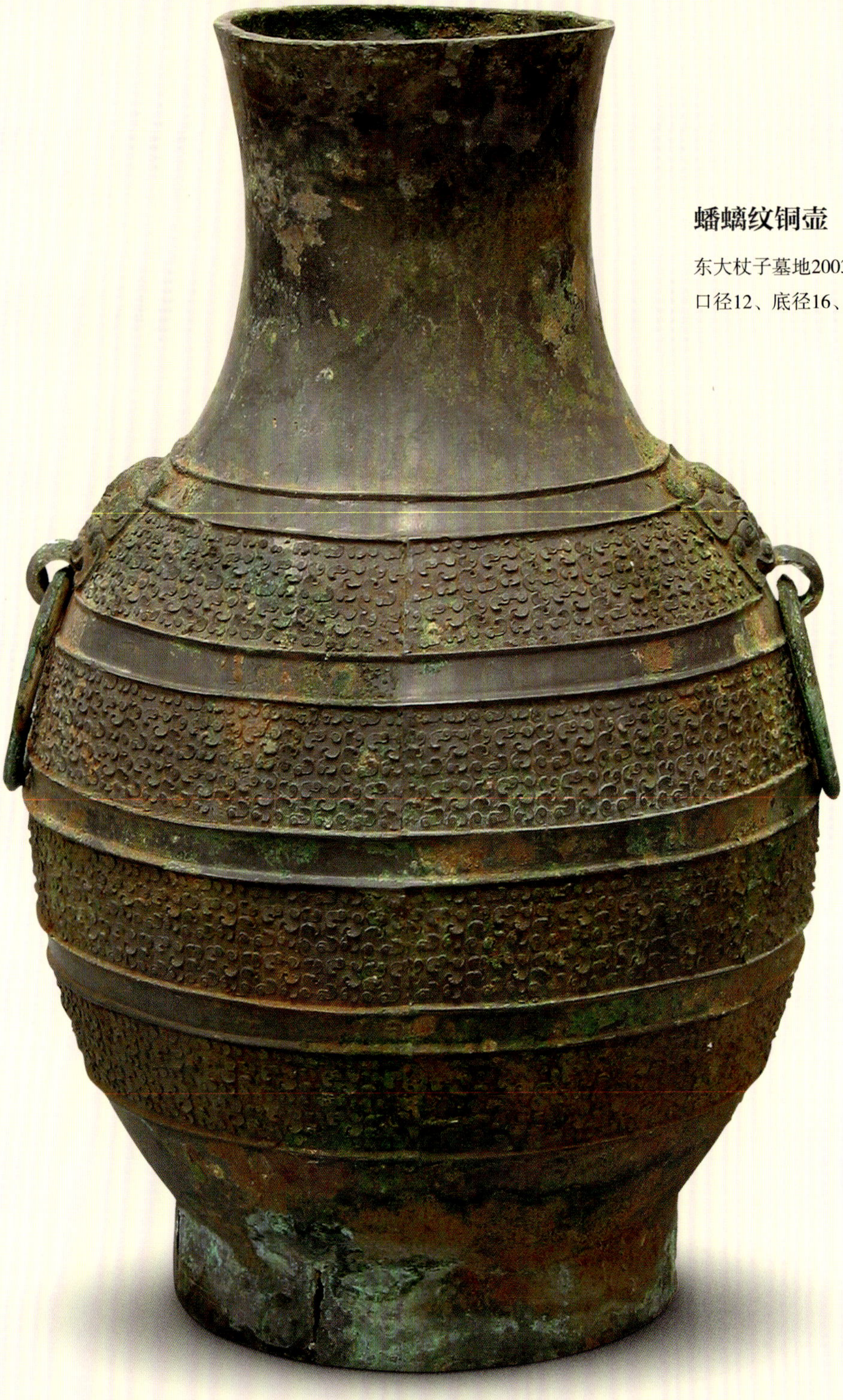

蟠螭纹铜壶

东大杖子墓地2003M4出土

口径12、底径16、高38.6厘米

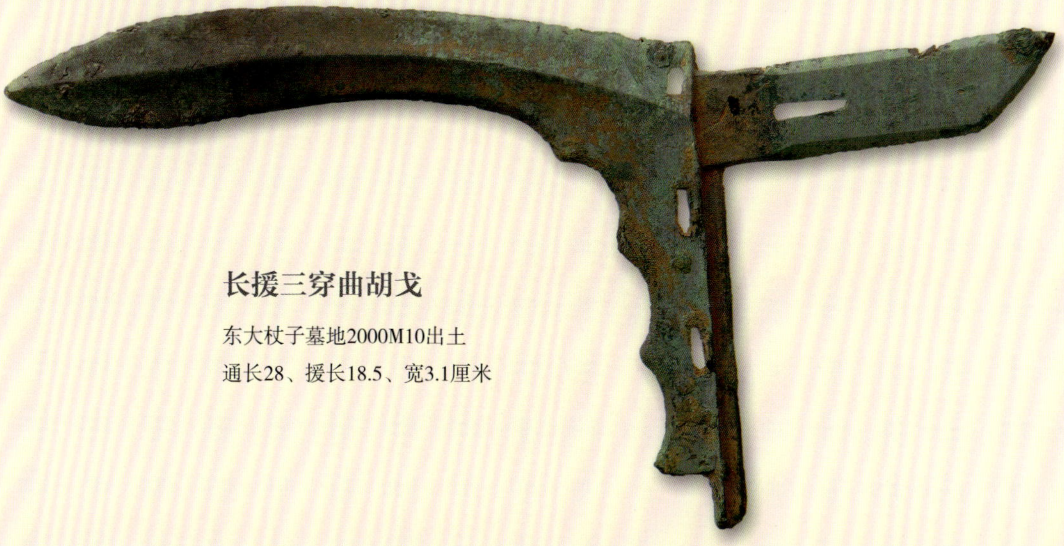

长援三穿曲胡戈

东大杖子墓地2000M10出土
通长28、援长18.5、宽3.1厘米

短援四穿戈

东大杖子墓地2000M13出土
通长18.1、援长11.2、宽2.5厘米

双胡戈

东大杖子墓地2000M14出土
通长17、援部长15、宽2.6厘米

三棱铜矛

东大杖子墓地2000M13出土
通长12.4、锋部长2.2、矛叶残宽2.6厘米

曲刃青铜短剑

东大杖子墓地2000M6出土

长18.6厘米

嵌金柄曲刃青铜短剑

东大杖子墓地2003M4出土

残剑长（不带柄）31.8、剑柄（树脂复原）15.3厘米

铜马镳

东大杖子墓地2000M13出土

长9.8～9.9、环径2.3～2.4厘米

铜马衔

东大杖子墓地2000M13出土

通长23.1厘米，内环外径2.9、内径1.4厘米

第四单元

汉唐时期考古

姜女石遗址的发现表明，秦始皇统一全国后在渤海之滨修建了规模宏大的行宫建筑。辽西和辽东诸多郡县址的发现，不仅验证了汉代在辽宁地区广设郡县的文献记载，而且表明中央政权已经对关外实施了有效管理。公元前37年，朱蒙建都纥升骨城，考古发现确认五女山山城即为高句丽早期王都。辽阳发现了数量众多的汉魏晋时期独具特色的壁画墓，被认为与东汉末年割据辽东的公孙氏统治集团有关。十六国时期，慕容鲜卑建立三燕政权，在朝阳市内发现了其国都龙城遗址。在朝阳发现的大量隋唐时期遗存证明，中央政权统治东北政治经济中心的营州，是东西方文化交流的枢纽之一。大量的汉唐时期遗存表明，当时辽宁地区是多民族聚居之地，各民族共同创造了别具特色的地域文化。

17

姜女石遗址

位于绥中县
万家镇南部沿海地区，
由大金丝屯秦代窑址及
石碑地、止锚湾、
黑山头、瓦子地、
周家南山等遗址组成。
1982年文物普查时发现，
1984～2000年多次发掘，
出土瓦当等大量建筑构件。
姜女石遗址
是目前国内保存较好、
并经过大面积系统发掘的
秦汉大型宫殿建筑遗址群之一，
是秦汉帝国统一的见证与象征。

黑山头全景

菱格纹砖

姜女石遗址出土

长32.5、残宽3.6、厚3.4厘米

树叶纹圆瓦当

姜女石遗址T1411③b出土

直径17.5厘米

“千秋万岁”圆瓦当

姜女石遗址T1909③a出土
直径18厘米

卷云纹圆瓦当

姜女石遗址DZ3出土

直径18.6厘米

卷云纹圆瓦当

姜女石遗址D院1出土

直径19.5厘米

半瓦当

姜女石遗址出土

残长9.5、直径21厘米

陶管

姜女石遗址SHD7③出土

直径27.2、残高34厘米

18

西岔沟墓地

位于西丰县乐善乡执中村西岔沟。
1956年调查并发掘。
共发现墓葬约500座，
清理了63座。
出土、征集遗物一万余件，
有武器、车马具、工具、
陶容器、服饰、串饰、金银耳饰、
铜镜、铜钱等，其中动物纹青铜牌饰、
金耳饰等遗物具有浓厚的北方民族特色。
该墓地的发现
为研究汉代东北少数民族的迁徙、交流
提供了弥足珍贵的材料。

墓地远景

M15

陶罐

西岔沟墓地M16出土
口径13、底径7、高9.3厘米

陶壶

西岔沟墓地M19出土
口径10.1、底径7.7、高18.5厘米

横把陶注壶

西岔沟墓地M38出土
口径10.1、高14厘米

星云纹铜镜

西岔沟墓地出土

直径10.5厘米

日光草叶纹铜镜

西岔沟墓地出土

直径11厘米

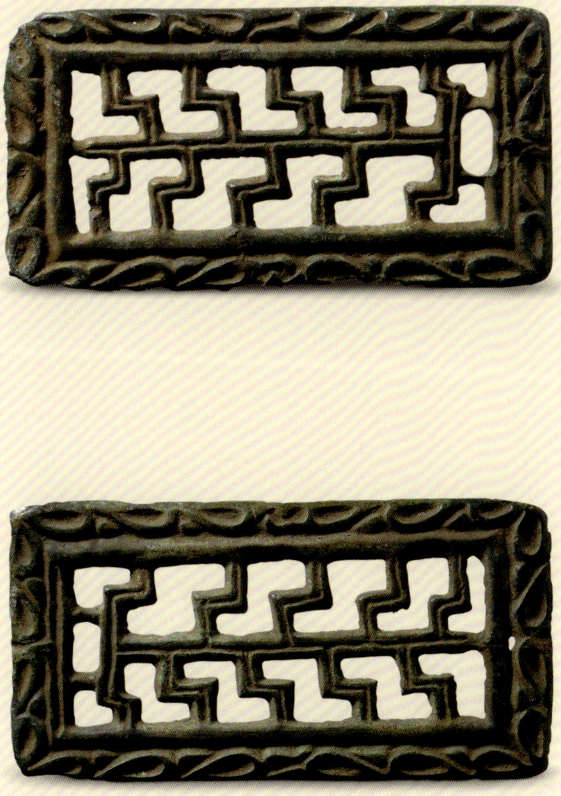

几何纹铜牌饰

西岔沟墓地出土

长5.4、宽3.7厘米

马形铜具

西岔沟墓地出土

长5.7、高4.4厘米

金丝五环串珠金耳饰

西岔沟墓地M16出土

通长7.8、宽0.7～1.4厘米

琉璃珠

西岔沟墓地M30出土

左：22颗，右：84颗

19

三道壕西汉村落遗址

位于辽阳市北郊
三道壕村、太子河西岸冲积平原上，
是1955年我国第一次大规模发掘的
西汉村落遗址。
共清理出6处居住址、7座窑址、
11眼水井以及土窖、铺石大路等，
并在附近发现西汉棺椁墓群、
儿童瓮棺墓地各一处。
遗址出土陶器及铁质农具、
工具、兵器等遗物。
该遗址的发现
对研究两千年前汉代农村的
生产、生活、葬俗等具有重要价值。

遗址中的窑址

铺石大路

陶盆

三道壕遗址2号居址出土
口径27.5、底径10、高14.5厘米

陶器座

三道壕遗址5号居址出土
盘径17.5、高18厘米

陶纺轮

三道壕遗址1号居址B层出土
直径5.4～7、厚2.1～2.8厘米

铁锄

三道壕遗址2号居址出土
长20、宽12.1、厚1.2厘米

铁铲

三道壕遗址3号居址B层出土
通长18.3、最宽11厘米

20

姜屯汉墓

位于普兰店市张店汉城以北的姜屯。
2010年发掘。
共发掘墓葬212座，
墓葬形制以土坑墓和砖室墓为主。
随葬品以陶器居多，
多为壶、罐、鼎等器类；
铜器有铜镜、铜盆、
鎏金车马具（明器）、铜钱；
铁器有环首铁刀、铁剑；
玉器有玉璜、玉猪等。
该墓地是迄今大连地区发掘的规模最大的汉墓群，
为研究东北地区汉墓提供了重要资料。

墓地远景

陶灶

姜屯汉墓M134出土

通长25.6、通宽22.8、高14.4厘米

陶壶

姜屯汉墓M45出土

口径16、底径22、通高38.3厘米

陶楼

姜屯汉墓M49出土

通高55.3厘米

玉剑璏

姜屯汉墓M157出土

长6.5、宽2.5、厚1.7厘米

铜当卢

姜屯汉墓M41出土

长14.1、宽4.2厘米

铜贝鹿镇

姜屯汉墓M41出土

通长11、通宽5.9、高5厘米

错银铜带钩

姜屯汉墓M158出土

长12.3厘米

21

辽阳汉魏晋壁画墓群

位于辽阳市太子河区、
白塔区、文圣区、宏伟区及辽阳县境内。
20世纪初至今
共发现30余座精美壁画墓，
保存较好的有北园二号壁画墓、
三道壕三号墓、
东门里壁画墓等。
壁画以表现墓主人生前经历和生活为主，
有的还有墨书题字。
这些墓葬为研究
东汉末年至魏晋时期公孙氏割据辽东的
社会政治、经济、文化
以及绘画艺术
提供了珍贵的实物资料。

北园壁画墓楼阁图、杂技图与乐舞图

陶双耳扁壶

南雪梅村M2出土
口径3.9、高9.3厘米

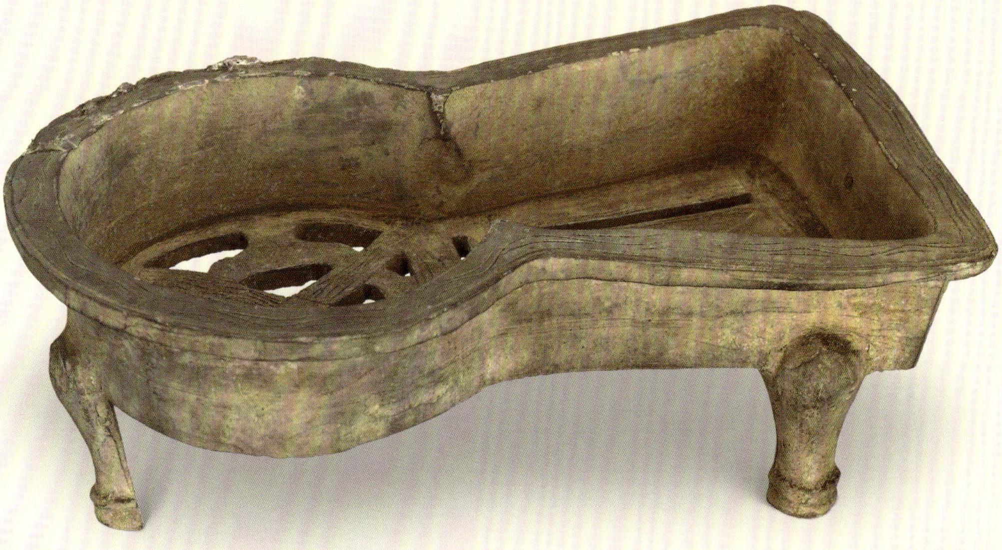

三足多孔陶器

南雪梅村M2出土
长25.8、高8.6厘米

朱绘灰陶圆套盒

北园车骑壁画墓出土
口径20、底径21.5、高18.5厘米

陶瓶

北园车骑壁画墓出土
口径8.8、底径9.7、高20.5厘米

陶耳杯

北园车骑壁画墓出土
长11、宽8.4、最大高3厘米

陶器座

棒台子村M2出土
高12厘米

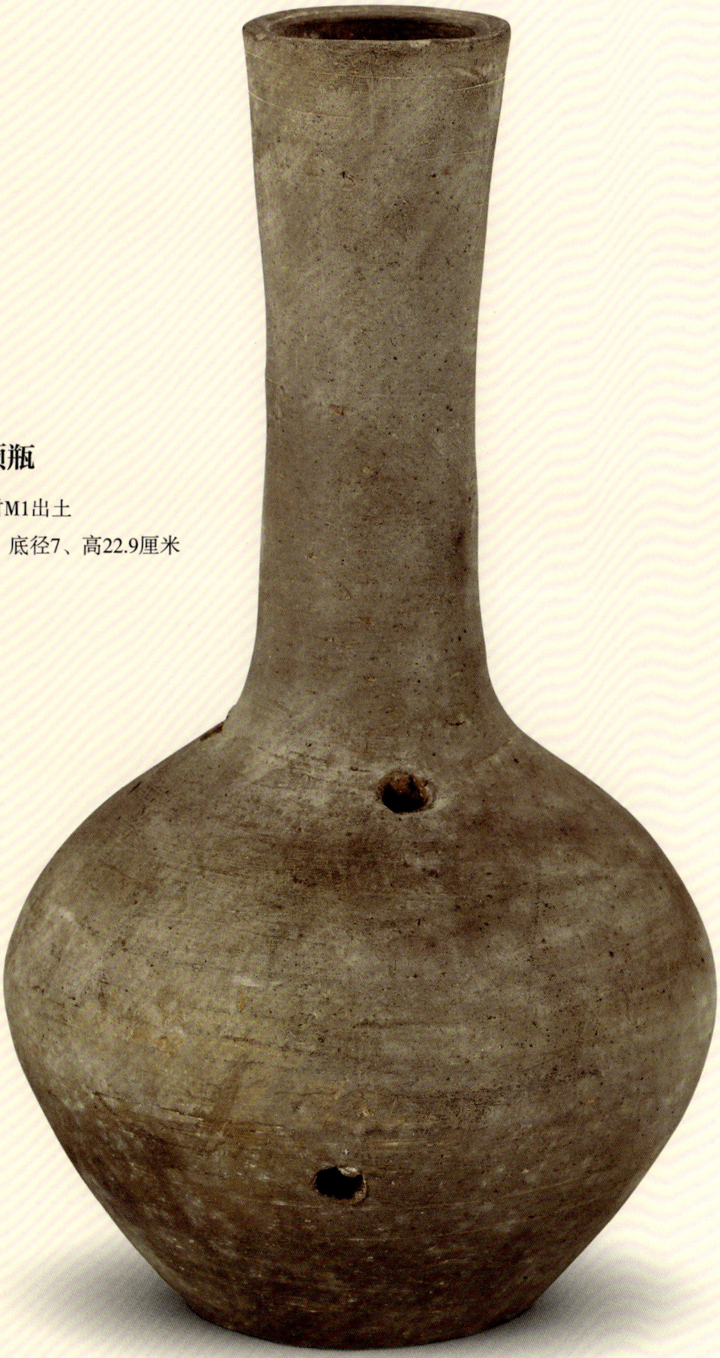

陶长颈瓶

南雪梅村M1出土

口径4.7、底径7、高22.9厘米

22

五女山山城

位于桓仁满族自治县县城
东北8.5千米的五女山上。
1996～1998、2003年共进行了四次发掘。
出土遗物1000余件。
发现大型建筑址、城墙、哨所、
兵营、蓄水池等遗迹，
搞清了山城的范围、布局、结构。
确认为高句丽早期都城，
为高句丽山城的分期断代研究奠定了基础，
同时也为当地考古学文化年代序列的建立
和文化谱系的研究
提供了宝贵资料。

城址远眺

陶矮领罐

五女山山城F32出土

口径28.2、底径29、高56.1厘米

陶单把杯

五女山山城H11出土
口径7.4、底径5.9、高8.9厘米

陶双耳罐

五女山山城F47出土
口径18.2、底径8.9、高23.5厘米

23

米仓沟将军墓

位于桓仁满族自治县雅河乡
米仓沟村北约500米的山坡上。
1991年发掘。
该墓封土堆呈覆斗状，
墓穴由墓道、墓门、甬道、耳室、主室组成。
除甬道外，
墓壁皆绘有壁画。
出土遗物有釉陶四系展沿罐、
鎏金铜铊尾、鎏金铜带扣、鎏金铜饰件等。
该墓是辽宁首次发掘的高句丽大型壁画墓，
为探讨高句丽高等级墓葬葬俗
提供了新资料。

墓地全景

釉陶四系展沿罐

米仓沟将军墓出土

口径32、底径15.5、高37.6厘米

钱形鎏金铜饰件

米仓沟将军墓出土
直径3.2厘米

梅花形鎏金铜饰件

米仓沟将军墓出土
直径5.1、内孔径0.3厘米

铜刻刀

米仓沟将军墓出土

长7.9、宽0.4、厚0.2厘米

鎏金铜带卡

米仓沟将军墓出土

通长4.6、卡长3.7、宽3.1厘米

铃形鎏金铜饰件

米仓沟将军墓出土

缀泡直径2.9、通高4.4厘米

铃形鎏金铜饰件

米仓沟将军墓出土

缀泡长径4、通高4.1厘米

24

三燕龙城遗址

位于朝阳市双塔区大十字街东北210米、
朝阳北塔东南180米。
2003、2004年，
对11处关键地点进行发掘，
发掘面积1万余平方米，
揭露出多处十六国时期至清代的重要遗迹，
出土了包括北燕纪年陶瓮在内的
大量重要遗物。
其中朝阳北大街城门遗址的发掘，
为确定龙城宫城的范围、
了解龙城布局提供了重要线索。
该遗址被评为2004年度全国十大考古新发现。

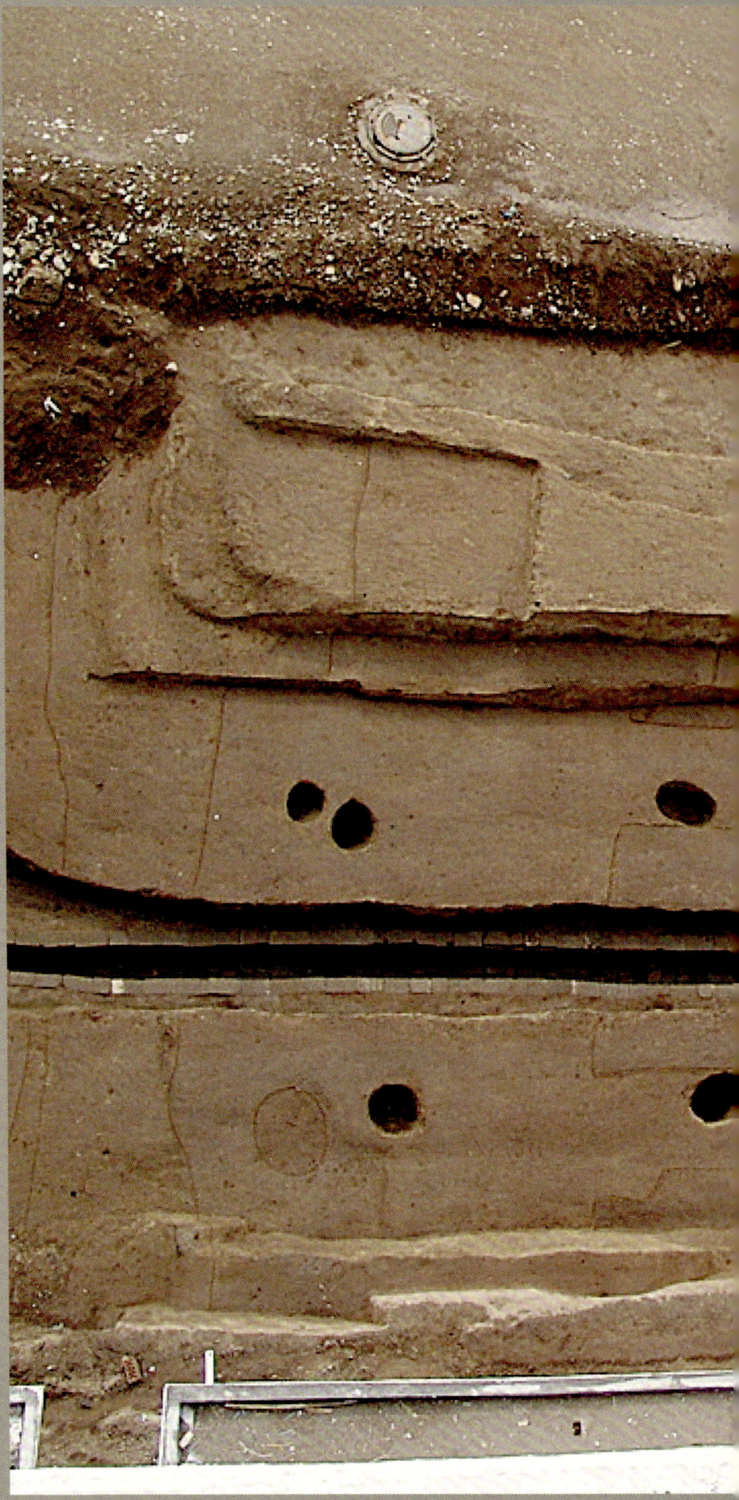

三燕龙城北门

人头像

朝阳老城出土
宽3.4、高4厘米

胡人头像

朝阳老城XQ⑤出土
宽7.8、高11厘米

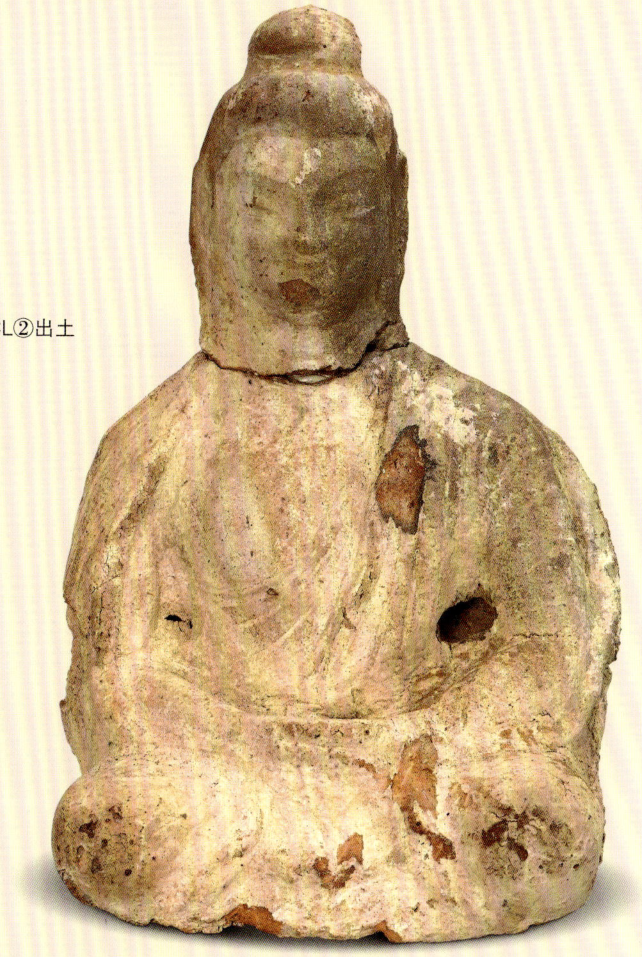

陶佛像

朝阳老城三号地点03CL②出土
高22厘米

人面半瓦当

朝阳老城三号地点04CLIVH19出土
宽30、高15厘米

25

喇嘛洞墓地

位于北票市南八家乡四家板村
喇嘛洞村民组西山南坡上。
1993～1998年先后五次发掘，
共清理墓葬435座，
其中三燕文化墓葬420座，
青铜时代墓葬12座，
辽代墓葬1座，
清代墓葬2座。
墓葬顺山势成排布列，
多为土坑竖穴墓，
少数为石椁墓，
出土陶器、铁器、铜器、金银器、
玉石器等遗物4800余件。
该墓地是东北地区发现的
规模最大的魏晋时期墓地，
被评为1996年度全国十大考古新发现。

墓地全景

陶壶

喇嘛洞墓地ⅠM26出土

口径11.5、底径9.5、高22.9厘米

陶罐

喇嘛洞墓地ⅡM324出土

口径13.7、底径10.2、高16.8厘米

釉陶四系罐

喇嘛洞墓地ⅠM9出土

口径4.4、底径4.4、高9.6厘米

半月形金饰

喇嘛洞墓地ⅡM328出土
长12.7、最宽2.6厘米

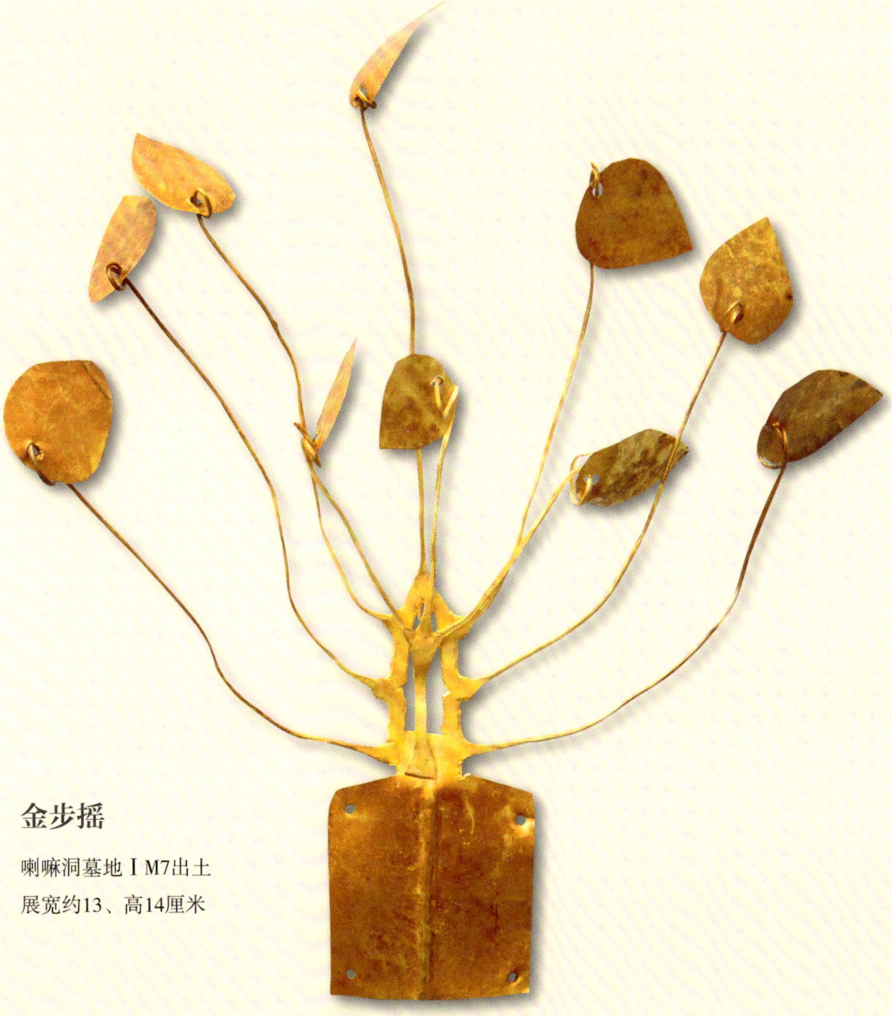

金步摇

喇嘛洞墓地ⅠM7出土
展宽约13、高14厘米

金钗

喇嘛洞墓地ⅠM10出土

通长10.2厘米

金缀饰

喇嘛洞墓地ⅡM68出土

边长2.8厘米

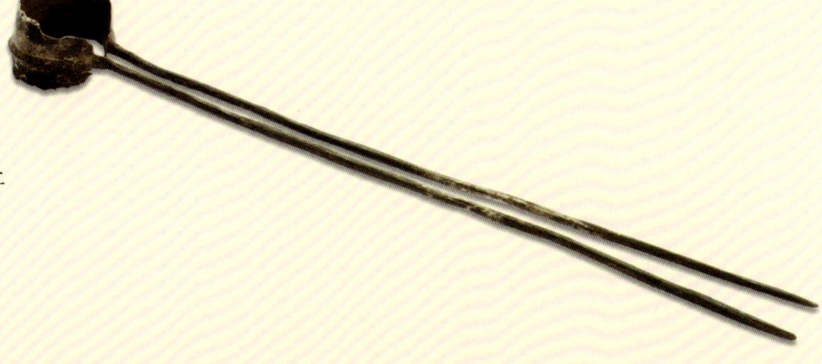

银钗

喇嘛洞墓地ⅡM71出土

长20.5厘米

金钗

喇嘛洞墓地ⅠM266出土

长8厘米

金耳坠

喇嘛洞墓地ⅡM251出土

通长5.5厘米

金耳坠

喇嘛洞墓地ⅡM30出土

通长7.1厘米

金耳坠

喇嘛洞墓地ⅡM198出土

通长8厘米

铜鹿纹罐

喇嘛洞墓地ⅡM196出土

口径5.2、底径7.4、残高5.8厘米

铜豆

喇嘛洞墓地ⅡM189出土

口径8.1、底径8.3、高10.5厘米

铜鐎斗

喇嘛洞墓地ⅠM22出土

口径16.1、通高12.4厘米

铜人面饰

喇嘛洞墓地ⅠM10出土

长10.6、宽6.9厘米

铜当卢

喇嘛洞墓地ⅠM5出土

宽13.4、通高39.5厘米

铜四铃环

喇嘛洞墓地ⅡM217出土

长 6.8、铃直径2.8厘米

铜鹿形饰

喇嘛洞墓地ⅠM17出土

通长28、通高15.7厘米

铁铲

喇嘛洞墓地ⅠM3出土

长11.6、宽10.3厘米；銎口长4.8、宽2.2厘米

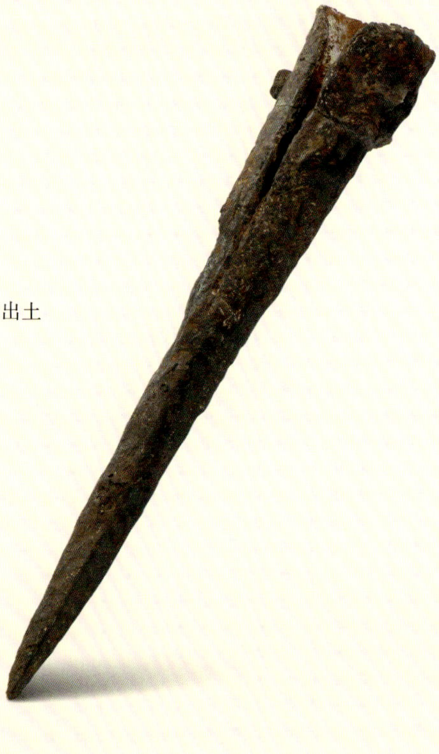

铁镩

喇嘛洞墓地ⅠM5出土

长21.1厘米

铁臿

喇嘛洞墓地ⅡM363出土

刃宽13.4、长10厘米；銎口长13.3、宽1 ~ 1.9厘米

铁兜鍪

喇嘛洞墓地ⅠM17出土

顶口直径7.6~8.9、底径23.6、高19.9厘米

26

北票冯素弗墓

位于北票市西官营镇
西官营子村将军山东麓。
1965年辽宁省博物馆对墓地进行清理，
发掘了两座东西墓向、南北紧邻的
长方形石椁墓，
共出遗物500余件。
该墓为北燕宰相冯素弗夫妇同坟异穴合葬墓，
为探讨慕容鲜卑在辽西地区的发展、
三燕社会面貌
以及北方文化与中原文化的密切交流
提供了重要资料，
对研究北燕的政治制度
和墓葬制度具有十分重要的意义。

墓地全景

M1
M2

两座墓葬位置

鸭形玻璃器

北票冯素弗墓（M1）出土
存长约20.5、高9厘米

铜虎子

北票冯素弗墓（M1）出土

通长37、高23.3厘米

铜魁

北票冯素弗墓（M1）出土

通长32.3、通高15.3厘米

铜熨斗

北票冯素弗墓（M1）出土

通长3.2、径12.9厘米

提梁盖锅

北票冯素弗墓（M1）出土

锅口径12.4、通高26.5厘米

鎏金木芯马镫

北票冯素弗墓（M1）出土

宽16.9、高24.5厘米

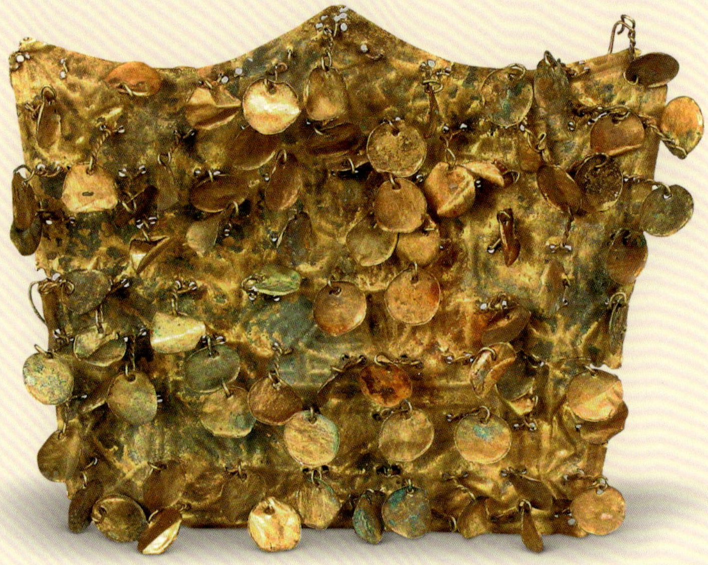

压印人物纹山形金饰

北票冯素弗墓（M1）出土

长6.8～8.2、宽6.6厘米

27

朝阳蔡须达墓

位于朝阳市双塔区朝阳工程机械厂内，
1991年进行了发掘清理。
蔡须达墓为砖室墓，
由墓道、墓门与墓室组成。
墓内随葬品以彩绘釉陶俑为主，
主要摆放在甬道和墓室前部的西侧，
在墓室东南角发现墓志一合，
此外，
还随葬瓷器、陶器、铜饰以及漆器等。
该墓的发现填补了朝阳地区
唐代早期考古遗存资料的空白。

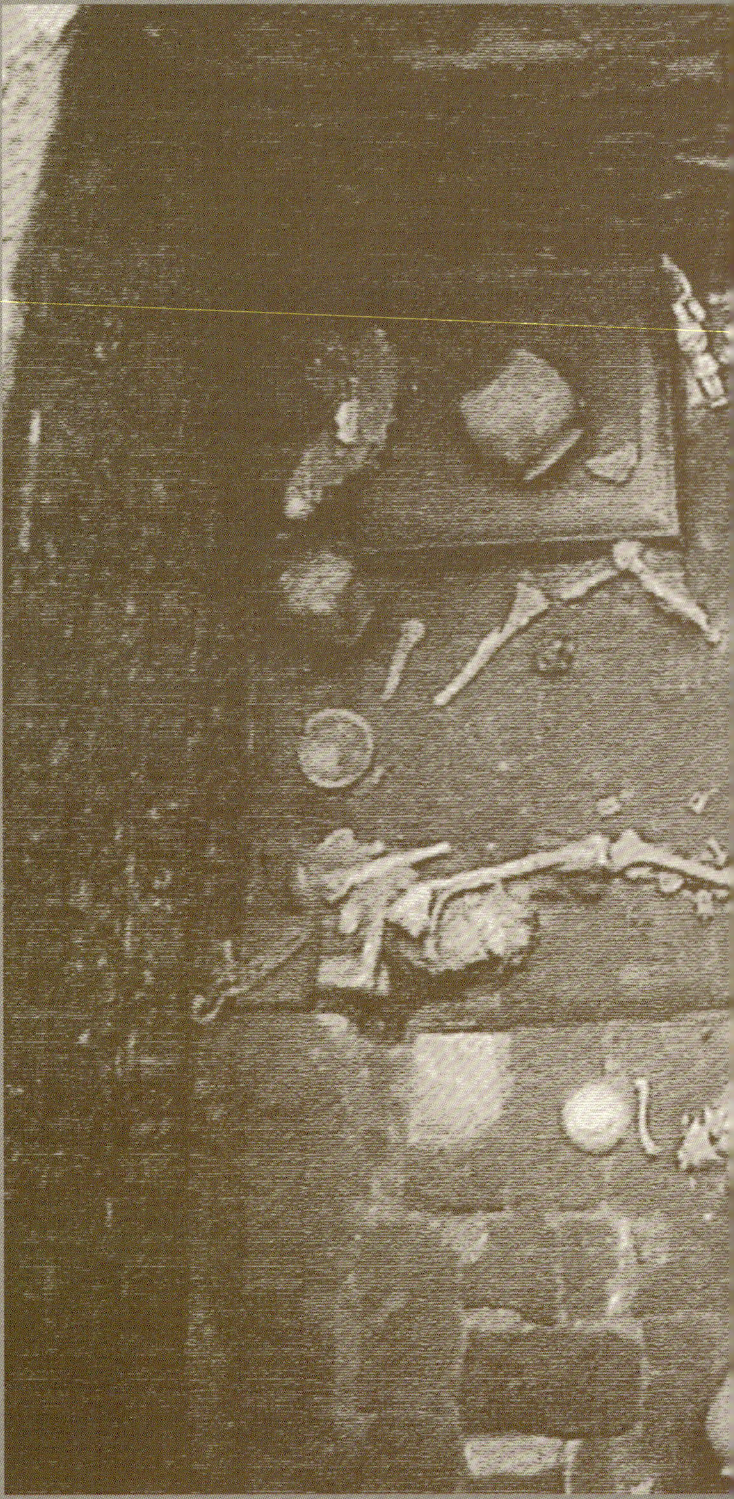

釉陶骆驼

镇墓兽

朝阳蔡须达墓出土
高28.3厘米

镇墓兽

朝阳蔡须达墓出土
高28.3厘米

武士俑

朝阳蔡须达墓出土
高36.2、41.7厘米

武官俑

朝阳蔡须达墓出土

高19.7～19.8厘米

仪仗俑

朝阳蔡须达墓出土

高20.1～20.3厘米

文吏俑

朝阳蔡须达墓出土
高18.6 ~ 19.2厘米

釉陶俑

朝阳蔡须达墓出土
高13.6 ~ 21.8厘米

立俑

朝阳蔡须达墓出土

高21.4～22.2厘米

骑马俑

朝阳蔡须达墓出土

长22.6、高26.7厘米

侍女俑

朝阳蔡须达墓出土
高20.7～21.4厘米

釉陶砚

朝阳蔡须达墓出土
直径5.8、通高2.3厘米

釉陶猪

朝阳蔡须达墓出土
长12.2～12.6、高5.9～6.1厘米

釉陶羊

朝阳蔡须达墓出土
长10.3～10.6、高7厘米

釉陶牛

朝阳蔡须达墓出土

长25、高19.7厘米

釉陶狗

朝阳蔡须达墓出土
高6.7～11.3厘米

釉陶鸡

朝阳蔡须达墓出土
雄鸡高11.5、雌鸡高7.9厘米

釉陶马

朝阳蔡须达墓出土
长34、高31厘米

第五单元

辽金时期考古

辽、金分别是由契丹、女真建立的王朝，对我国北方尤其是东北地区的开发起了重要作用。辽宁地区是辽代统治的重点区域，60年来考古发现了千座以上辽代墓葬，较重要的有法库叶茂台辽墓群、阜新关山辽墓群、凌源小喇嘛沟辽墓群等，出土了大量精美绝伦的珍贵文物，反映出辽代经济、文化水平已发展到相当高的程度。金代遗存较重要的有绥中城后村遗址、鞍山陶官屯遗址、朝阳师范学院马令墓、铁岭冯开父母合葬墓、朝阳李干妻翟氏墓等。凌源天盛号金大定十年（1170年）单拱石桥，设计合理，造型美观，至今仍保存完好。

28

朝阳沟辽墓

位于彰武县
苇子沟乡朝阳沟村北约2千米，
1999年进行了抢救性发掘。
共发掘5座墓葬，
墓葬形制有方形单室砖墓、
八角形石筑木椁墓、
六角形石筑木椁墓，
出土文物720余件。
该墓地属契丹贵族墓葬，
其排列格局、
出土遗物、
丧葬习俗为研究辽代丧葬礼仪等
提供了重要材料。

墓地全景

釉陶壶

朝阳沟辽墓M2出土

口径7.2、底径5.8、高16厘米

白釉绿彩碗

朝阳沟辽墓M2出土

口径20.8、底径7.7、高8.2厘米

绿釉鸡冠壶

朝阳沟辽墓M2出土

底径11.2、高24.9厘米

酱釉瓜棱壶

朝阳沟辽墓M2出土

口径6.5、底径5.5、高10厘米

银面具

朝阳沟辽墓M3出土

长20.4、上宽15.5厘米

铜提梁壶

朝阳沟辽墓M2出土

口径12.5、底径7、通高20厘米

四蝶纹铜镜

朝阳沟辽墓M3出土
直径12.2厘米

琥珀鱼形饰件

朝阳沟辽墓M1出土
长4.4、宽2.3厘米

29

叶茂台辽墓

位于法库县
叶茂台镇西北的山坡上，
辽代称“圣迹山”，
从20世纪50年代至今已发掘墓葬23座。
其中以M7保存最为完整，
出土棺床小帐、石棺、双陆棋、
绢画、丝织品、陶瓷、装饰品等重要文物，
是辽宁地区辽墓中
具有代表性的一座，
墓主人为一老年女性，
年代约在辽圣宗时期。
该墓群是辽代后族萧氏家族的墓地。

M7发掘情况

M7左耳室内遗物出土情况

M7主室门墙东侧的壁画

M7墓室内棺床小帐出土情况

茶末釉鸡腿坛

叶茂台辽墓M7出土

高50.8厘米

虾青釉瓷碗

叶茂台辽墓M7出土

口径15.6、高5.8厘米

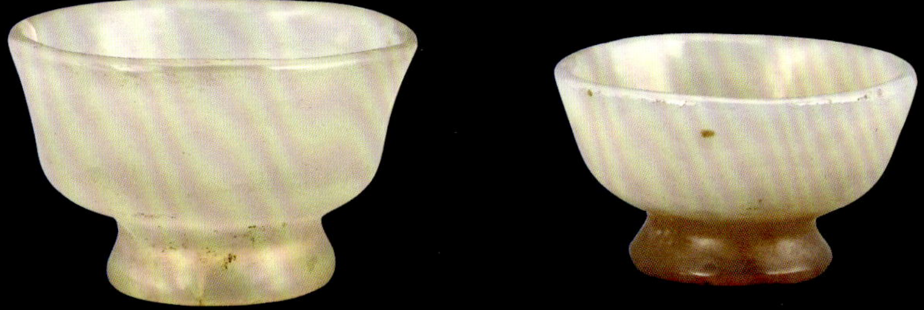

白玛瑙小碗

叶茂台辽墓M7出土

口径4.9～5.4、底径2.7～3、高2.6～3.4厘米

酱红漆碗

叶茂台辽墓M7出土

口径9～10、底径4.8～5.8、高4.1～4.9厘米

龙柄漆勺

叶茂台辽墓M7出土

长17.4、宽1.8厘米

鎏金铜铃

叶茂台辽墓M7出土

直径6.7~6.85、高7.8~7.96厘米

包银竹节式漆箸

叶茂台辽墓M7出土
长27.5厘米

银扣玻璃方盘

叶茂台辽墓M7出土
宽9.8、高2厘米

水晶佩饰

叶茂台辽墓M7出土

直径0.7～1.6、长1.2～1.5厘米

水晶琉璃珠腰佩

叶茂台辽墓M7出土

直径0.5～2.2、高0.6～2.1厘米

瓜棱式水晶串珠

叶茂台辽墓M7出土

直径2.3、高2.3厘米

玛瑙管与金丝球

叶茂台辽墓M7出土

长径5.3厘米

30

关山辽墓

位于阜新蒙古族自治县
大巴镇车新村关山种畜场。
2001～2002年，
共发掘砖筑或砖石混筑壁画墓9座，
分单室墓和多室墓两类，
一般都由墓道、墓门、
甬道和墓室构成。
出土遗物以瓷器为主，
另出土了5合墓志。
关山辽墓发现墓葬数量多，
年代明确，
出土遗物较丰富，
墓志、石经幢等大量石刻文字资料，
对于修正和补充辽史具有重要作用。

墓地外景

青瓷执壶

关山辽墓M5出土

口径4.6、足径7.6、高13.8厘米

青瓷盏托

关山辽墓M5出土

托盘直径14.2、足径9.1、高3.4厘米

影青瓷瓜棱罐

关山辽墓M9出土

口径14.1、足径7.7、高13.2厘米

青瓷盖罐

关山辽墓M7出土
口径10.1、足径7.6、通高14.8厘米

白瓷刻划花罐

关山辽墓M4出土
口径10.6、足径8、高16厘米

白瓷花口温碗

关山辽墓M5出土
口径16.4、底径6.6、高7厘米

白瓷盘

关山辽墓M5出土
口径13、足径7.4、高4厘米

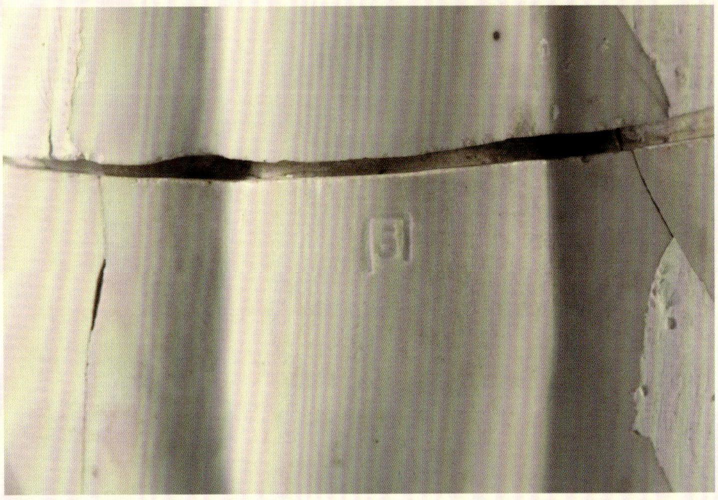

白瓷南瓜盒

关山辽墓M9出土
口径10.4、底径7.4、通高10.7厘米

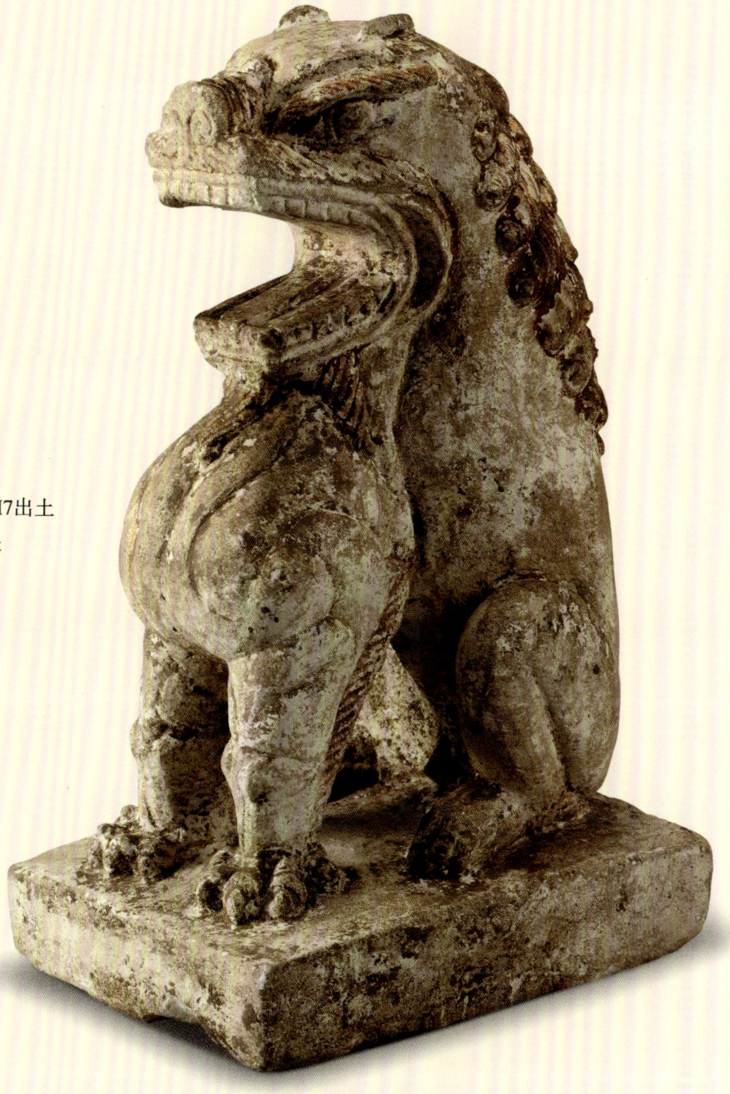

滑石狮

关山辽墓M7出土
高18.5厘米

金刚杵臂钏

关山辽墓M9出土
铜片长4.6、玉片长3.4厘米

31

小喇嘛沟辽墓

位于凌源市城关镇八里堡村
小喇嘛沟自然屯西北约600米的山坡上，
1994年进行发掘，
清理土圹木椁墓10座、
砖室墓1座、
殉马坑2座。
土圹木椁墓墓圹均呈“甲”字形，
墓道有斜坡式和阶梯式两种。
随葬品有瓷器、金银器、
铜器、铁器、玉石器、玻璃器等，
该墓地是一处辽代中晚期契丹贵族家族墓地。

墓地全景

白瓷渣斗

小喇嘛沟辽墓M11出土

口径19.6、底径6.6、高13.6厘米

白瓷盏托

小喇嘛沟辽墓M11出土

上口径8.4、底径5.3、高7厘米

白瓷鸡冠壶

小喇嘛沟辽墓M11出土

口径3.7、足径10.4、高30.2厘米

白釉绿彩鸡冠壶

小喇嘛沟辽墓M3出土

口径3.4、足径10.6、高35.5厘米

白瓷长颈瓶

小喇嘛沟辽墓M1出土

口径9.1、底径8.3、高39.4厘米

白瓷钵

小喇嘛沟辽墓M11出土

口径8、底径5.2、高6.8厘米

白瓷莲纹碗

小喇嘛沟辽墓M11出土
口径18.4、足径8.2、高6.4厘米

影青瓷花口温碗

小喇嘛沟辽墓M6出土
口径17、足径10、高16.4厘米

白瓷花口杯

小喇嘛沟辽墓M3出土
口径9.5、底径3.6、高4.5厘米

三彩方盘

小喇嘛沟辽墓M4出土
口部边长12.6、底部边长7.8、高2.8厘米

32

江官屯窑址

位于辽阳市文圣区小屯镇江官屯。
2013年，
辽宁省文物考古研究所
对保存相对较好的一处窑炉群进行了发掘，
发现窑炉11座，
发掘窑炉10座、
灰坑6个、房址残迹1座，
出土大量窑具、日常生活用具、
生产工具、玩具、建筑构件等遗物。
这次发掘不仅丰富了辽金陶瓷史的文化内涵，
也填补了中国陶瓷史
关于江官屯窑口记载的空白。

太子河边瓷片

酱釉小罐

江官屯窑址Y5出土
口径3.8、底径3.6、高5.45厘米

酱釉双系罐

江官屯窑址Y5出土
口径3.5、足径5.5、高14.1厘米

白瓷羊

江官屯窑址Y5出土
长6、高6厘米

白瓷盏

江官屯窑址Y5出土
口径10.7、底径3.5、高3.5厘米

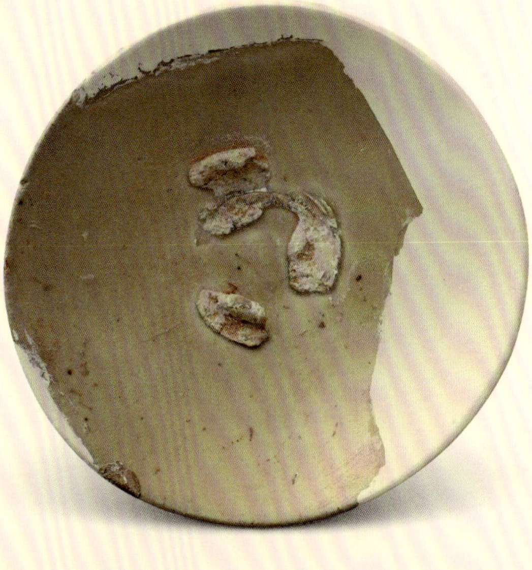

瓷狮范

江官屯窑址Y5出土
底径3.8、高9.5厘米

瓷灯盏

江官屯窑址采集
口径8、底径3.6、高1.8厘米

玉壶春瓶颈部残片

江官屯窑址采集
底径4.8、高10.5厘米

白瓷器盖

江官屯窑址Y5出土
内沿口径7.6、最大径11.2、高2.5厘米

酱釉杈

江官屯窑址Y5出土
最大径10.4、通高5.2厘米

匣钵

江官屯窑址Y5出土
口径22.5、底径23、高19.5厘米

装烧标本

江官屯窑址Y5出土

长18、高10厘米

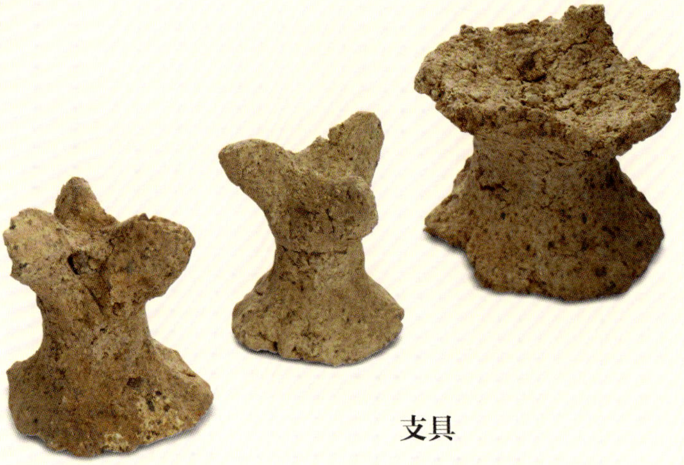

支具

江官屯窑址Y5出土

底径5.3～5.5、高4.5厘米

窑具

江官屯窑址Y5出土

口径10.8、底径4.4、高2.75厘米

支具

江官屯窑址Y5出土

底径11、高11厘米

垫烧标本

江官屯窑址采集

底径8～9、高7.5厘米

支具

江官屯窑址Y9出土

底径7.5、顶径6.5、高4.5厘米

33

朝阳马令墓

位于朝阳市双塔区朝阳师范学院院内。
1961年辽宁省博物馆文物工作队清理发掘。
该墓为方形券顶砖室、
夫妻火葬骨灰合葬墓，
四壁绘壁画六幅，
并墨书葬者姓氏、族望、官职。
从墨书题记得知墓主人名马令，
是金大定二十四年，
即南宋淳熙十一年（1184年）埋葬的。
该墓对金代建筑、雕刻、埋葬制度、
服饰装束、风俗习惯
以及金代绘画艺术等方面
都有很高的研究价值。

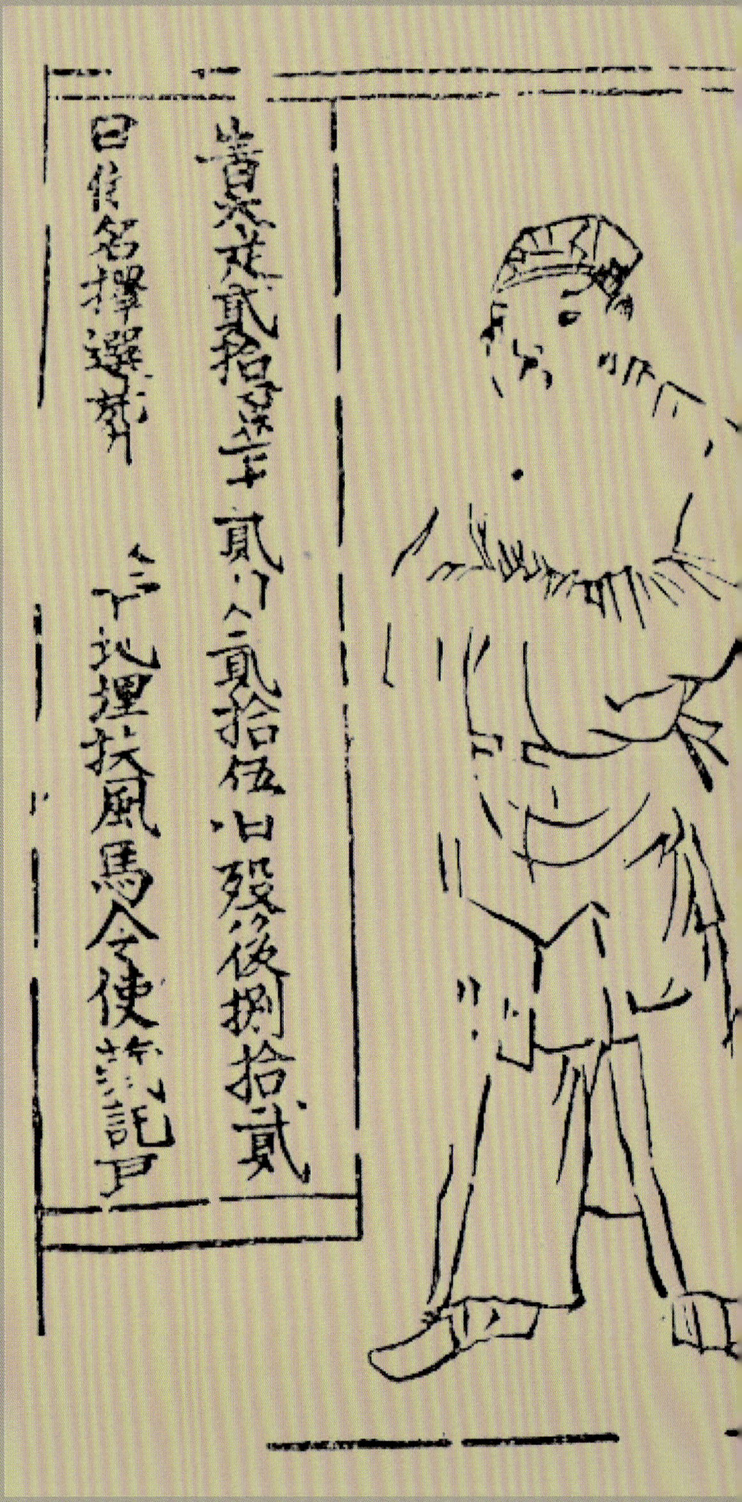

墓门右侧壁画（摹本）

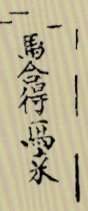

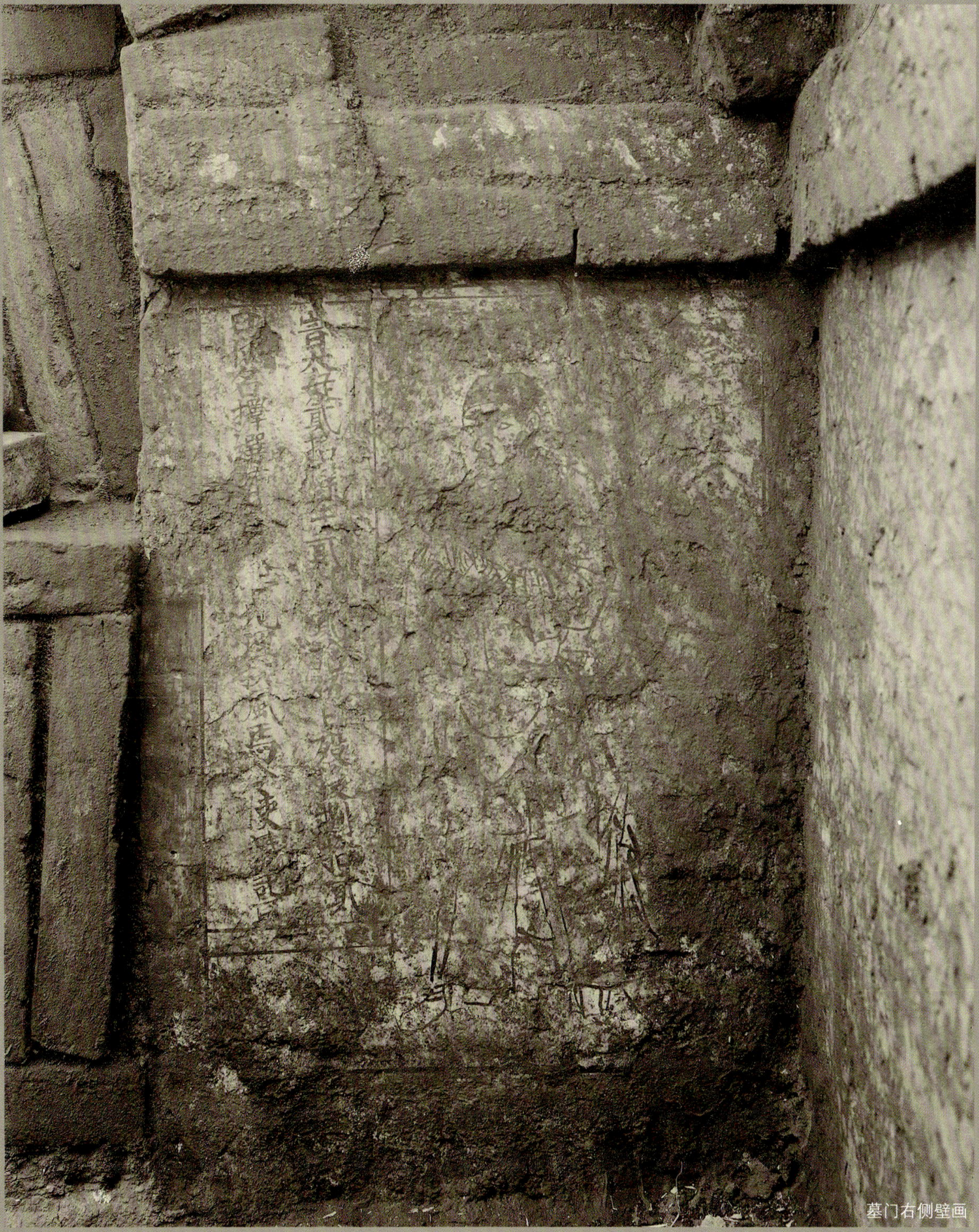

墓门右侧壁画

茶末釉鸡腿坛

朝阳马令墓出土

口径7.3、底径8.5、高52.5厘米

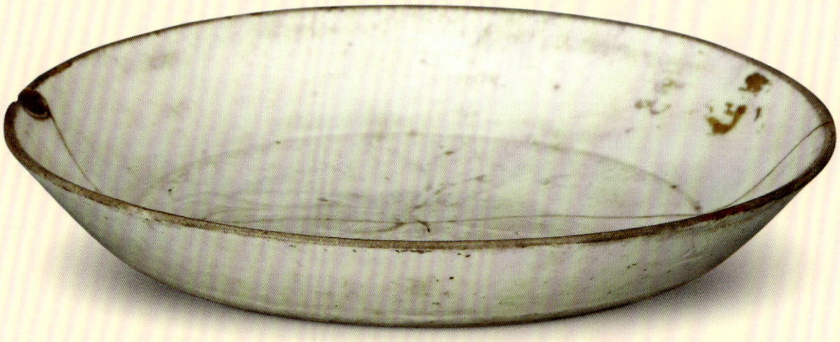

白瓷划花碟

朝阳马令墓出土

口径12.5、底径8.6、高1.8厘米

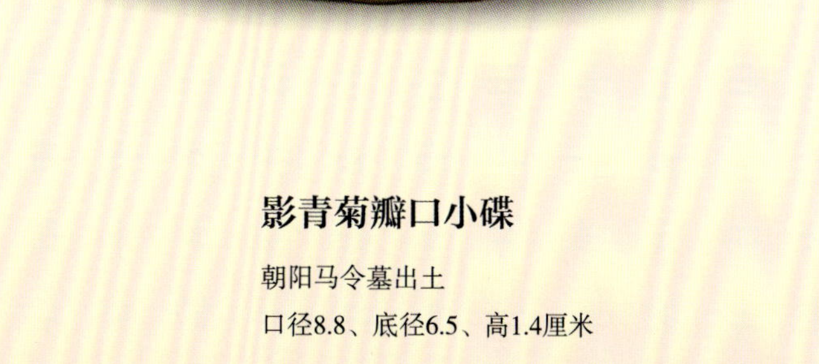

影青菊瓣口小碟

朝阳马令墓出土

口径8.8、底径6.5、高1.4厘米

绿釉玉壶春瓶

朝阳马令墓出土

口径5.8、底径6.3、高24厘米

陶骨灰罐

朝阳马令墓出土

口径11.5、底径11.5、通高19.6厘米

34

陶官屯农家遗址

位于鞍山市铁西区南华街陶官屯，
1954年由东北文物工作队发掘。
是金代东京辽阳府新昌镇一处
独立的农家宅院遗址，
发现有砖石墙基的土筑房子一座，
出土遗物有生产工具、生活用具等，
发现大量的铁制农具，
以及炭化的麦粒和高粱秸秆。
日常使用的瓷器，
不仅有当地窑场产品，
还有钧窑、磁州窑
及龙泉窑的器物。
还发现有妇女或小孩佩戴的小装饰品，
反映了八百多年前
鞍山地区农村百姓的生活面貌。

发掘现场

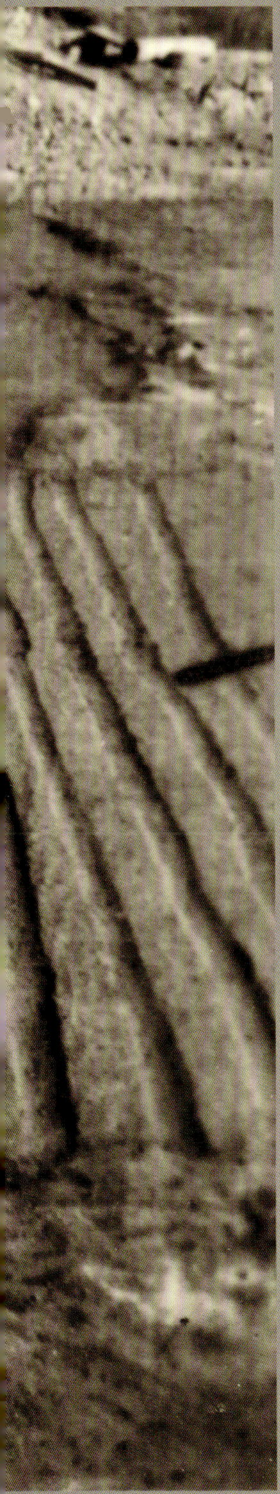

发掘现场

钧窑大碗

陶官屯农家遗址西区大缸内出土
口径19.3、底径6.8、高9厘米

白釉黑花盘

陶官屯农家遗址西区大缸内出土
口径17.5、底径7.5、高3.8厘米

黑釉大碗

陶官屯农家遗址西区④A层出土

口径25.2、底径9.3、高12厘米

黑釉兔毫斑大碗

陶官屯农家遗址西区大缸内出土

口径17.6、底径6.5、高7.8厘米

铁铡刀

陶官屯农家遗址西区房址北2.1米处出土
长56.4、宽12厘米

铁镰

陶官屯农家遗址西区出土
存长21厘米

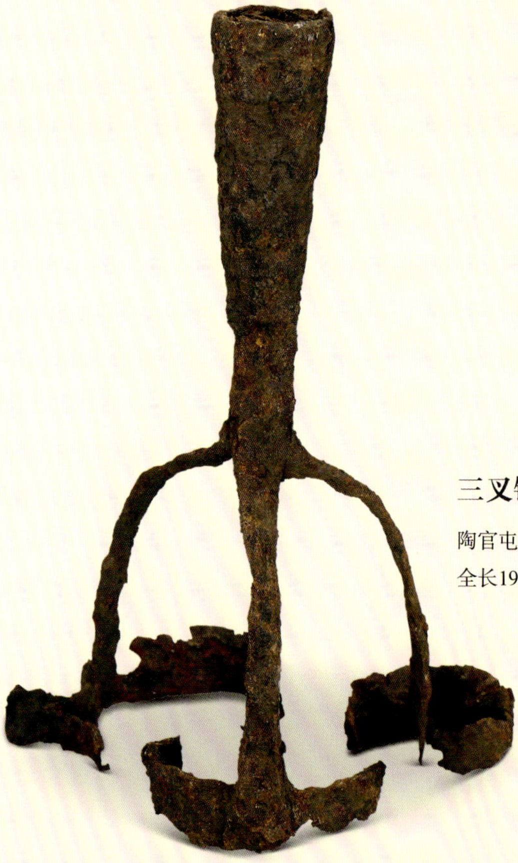

三叉铁器

陶官屯农家遗址出土
全长19.1、柄长10.6厘米

铁垛叉

陶官屯农家遗址西区大缸附近出土
存长30.9厘米

铁锁

陶官屯农家遗址出土
长9.8～15.9厘米

第六单元

元明清时期考古

60年来，元代主要考古发现有凌源富家屯墓地、建昌李伯宥石棺墓、喀左大城子元墓、康平高等级建筑址等，较为重要的有绥中三道岗水下沉船发掘，出水了大量精美瓷器。明代考古成就集中反映在与辽东军事防御有关的遗迹中，虎山长城的发掘认定了明长城东端起点在丹东虎山；九门口长城发掘出7000余平方米的过水铺石，确认了明清关键一役“一片石之战”地点所在。明末，后金势力崛起，对新宾赫图阿拉故城的发掘，表明后金政权初创时的王都布局仍具有浓厚的满族民居特色。自皇太极继位到顺治入关，沈阳城是后金（清）政权的国都，盛京城德盛门“瓮城遗址”、豫亲王府遗址、汗王宫遗址的发掘则见证了这段历史。

35

三道岗元代沉船

位于绥中县塔屯镇大南铺村
南约5.5千米的三道岗海域。
1992～1997年，
进行了五次正式的水下调查和发掘。
该沉船船体基本朽烂无存，
出水遗物613件，
其中瓷器599件。
此次调查和发掘是我国首次独立开展的
较大规模的水下考古工作，
发掘成果为研究古代船舶发展史、
海洋交通史，
以及元代商品贸易、
烧瓷工艺提供了新的重要资料。

出水的部分瓷器

白釉铁彩龙凤纹罐

三道岗海域出水

口径18.3、底径11.3、高32厘米

云雁纹瓷罐

小庄子乡二河口出水

口径13.5、底径10.5、高21.5厘米

磁州窑花卉纹小罐

征集

口径9.6、底径7.2、高11.2厘米

孔雀绿釉花卉纹小罐

征集

口径9.1、底径6.1、高12厘米

鱼藻纹瓷盆

三道岗海域出水

口径38.8、底径18、高12.9厘米

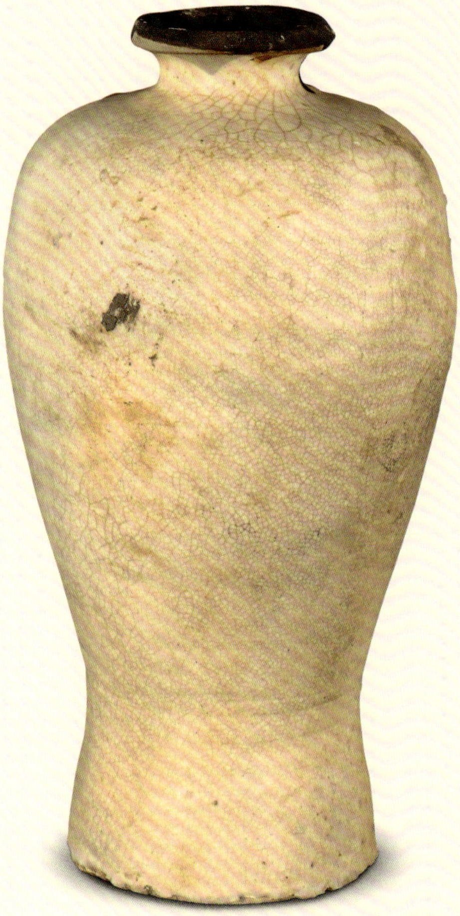

白釉梅瓶

三道岗海域出水

口径5.3、底径8.6、高22厘米

黑白釉大碗

三道岗海域出水

口径18.8、底径7.6、高6.5厘米

黑釉大碗

三道岗海域出水

口径18.6、底径7.3、高10.1厘米

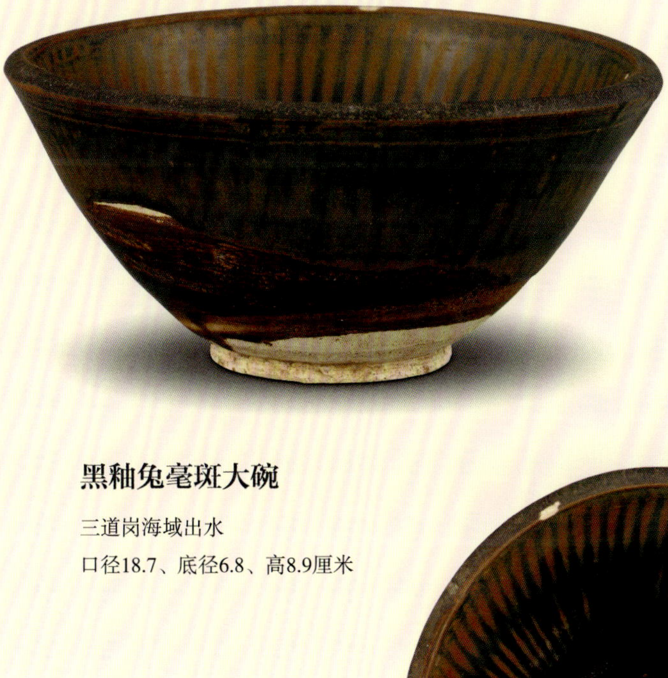

黑釉兔毫斑大碗

三道岗海域出水

口径18.7、底径6.8、高8.9厘米

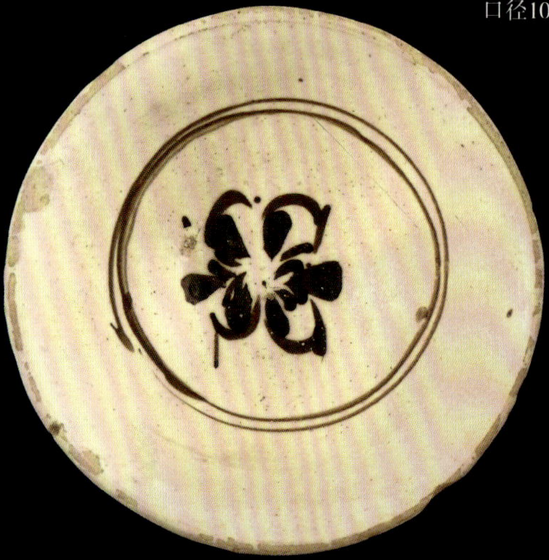

白釉小碗

三道岗海域出水

口径10.4、底径4.3、高4厘米

白釉小碗

三道岗海域出水

口径13.3、底径6.4、高4.7厘米

黑白釉小碗

小庄子乡二河口出水
口径10.5、底径4.5、高4厘米

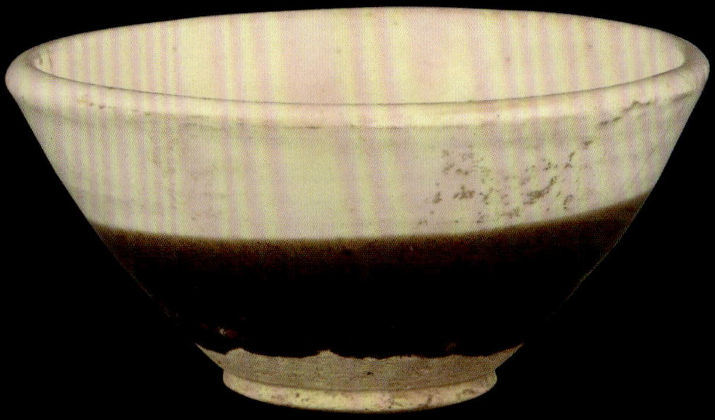

黑白釉小碗

三道岗海域出水
口径14.9、底径6、高7.1厘米

白釉器盖

三道岗海域出水

直径10.2 ~ 10.6、高3.7厘米

蓝釉器盖

三道岗海域出水

直径10.2、高2.9厘米

白釉器盖

三道岗海域出水

直径17.4 ~ 18.7、高5.6 ~ 5.7厘米

36

大城子元墓

位于喀喇沁左翼蒙古族自治县大城子镇西北，
1963年发掘。
该墓为长方形带壁龛的石椁木棺墓，
四壁石条平砌，
底铺石板，
顶盖大石板并以碎石填缝。
墓内出土遗物有绿釉陶香炉、
灰陶盆、龙泉窑瓷碟、
钧窑瓷碗及铜钗、银钗、象牙饰等，
另有大量的绫罗绢纱等衣物的残片。

丝织品残片

钧窑瓷碗

大城子元墓出土

口径18.7、底径6、高7.6厘米

绿釉双耳三足炉

大城子元墓出土

口径8.8、通高9厘米

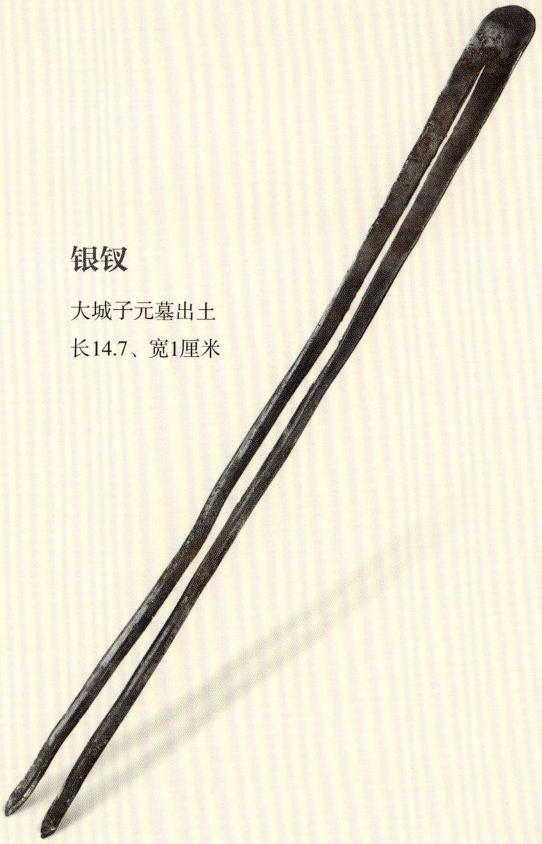

银钗

大城子元墓出土

长14.7、宽1厘米

牙雕饰品

大城子元墓出土

长7、宽4.2、厚0.6厘米

铜钗

大城子元墓出土

长13.6、首宽3厘米

绿松石花饰

大城子元墓出土

长1.6～3.2、宽1.1～1.9、厚0.2～0.3厘米

37

九门口长城一片石遗址

位于绥中县李家堡乡
新堡子村新台子屯西。
1986～1989年发掘，
发现8座巨大的梭形桥墩
以及人工铺砌的联片条石。
8座桥墩等距分布在103.34米宽的九江河上，
加之两岸边台，
构成了九孔城桥。
出土铁器、石器等遗物1000余件。
经过发掘，
可见九门口长城工程浩大，
巧思绝伦，
为明万里长城沿线地区所罕见。

九门口长城

遗址铺石

铁榫

九门口长城一片石遗址出土
长21、宽11、厚7厘米

双孔石雷

九门口长城一片石遗址出土
直径10.5、高15.2厘米

单孔石雷

九门口长城一片石遗址出土
直径12.7、高23.1厘米

铁弹丸

九门口长城一片石遗址出土
直径2.9～9.1厘米

竹节铁炮

九门口长城一片石遗址出土
口径13.6、长75厘米

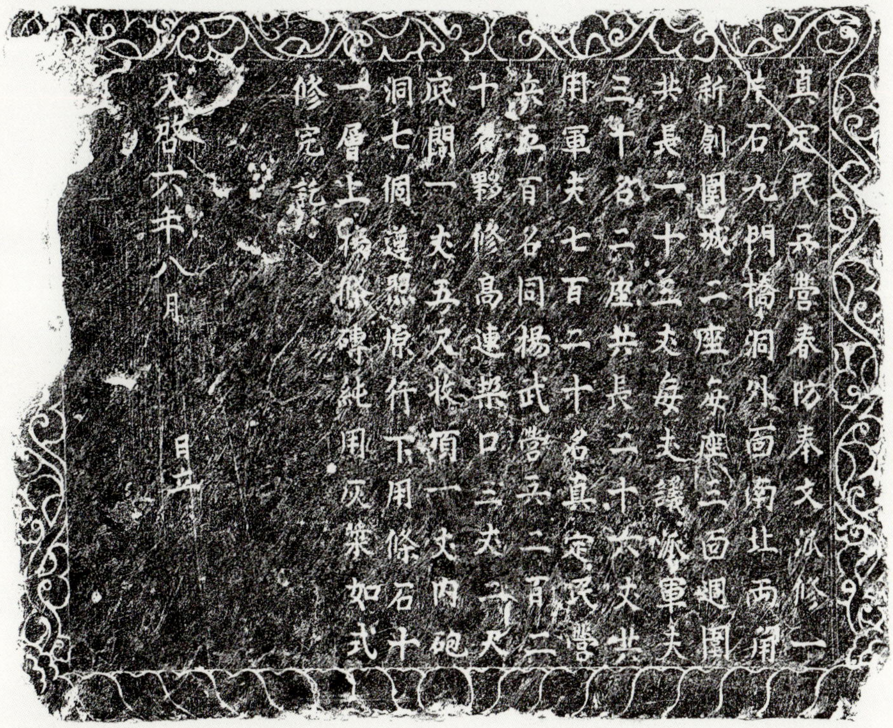

天启六年九门口围城纪事碑及拓片

九门口长城一片石遗址出土

长62、宽49.5、厚11厘米

38

赫图阿拉故城城内建筑基址

位于抚顺新宾满族自治县永陵镇赫图阿拉城。
1998年对尊号台呈“品”字形
分布的三座建筑台基及驸马府的
正房高台基础、
房前配房、房西偏房
进行了考古发掘。
出土了大量建筑构件及生活日用品。
这两处建筑遗址的建筑年代为明代晚期。
赫图阿拉故城首创布椽筑城法，
开创大清建都之制，
对研究清初历史具有重要意义。

发掘现场

汗宫大衙门、驸马府遗址出土青花瓷器残片

青花缠枝花小碗

海城黄家堡村西百米大缸内出土

口径12.1、底径5.2、高6厘米

青花猴戏碟

海城黄家堡村西百米大缸内出土

口径13.2、底径8、高2.3厘米

青花兔纹碟

海城黄家堡村西百米大缸内出土
口径13.8、底径8.1、高2.6厘米

绿釉罐

海城黄瓦窑采集
口径10.1、底径11.8、高26.4厘米

绿釉盘

海城黄瓦窑采集

口径21.4、底径15.2、高3.3厘米

绿釉盆

海城黄瓦窑采集

口径25.7、底径20、高10.9厘米

39

汗王宫遗址

位于沈阳市沈河区北中街路，
2012年5～8月，
沈阳市文物考古研究所发掘。
遗址界于清盛京城北城墙的福胜门
与地载门之间，
北面正对“九门”遗址，
南面正对通天街，
西南20米为“豫亲王府”遗址。
遗址由宫门、宫墙、前院和高台基址组成。
出土有满文“天命通宝”铜钱、
大量的绿釉和黄釉琉璃建筑构件。
1625年，努尔哈赤迁都沈阳，
建汗王宫作为居所。
1626年，努尔哈赤去世后
改称“福晋衙门”。
1644年，清兵入关，
沈阳成为“陪都”，“汗王宫”逐渐废弃。

高台基础

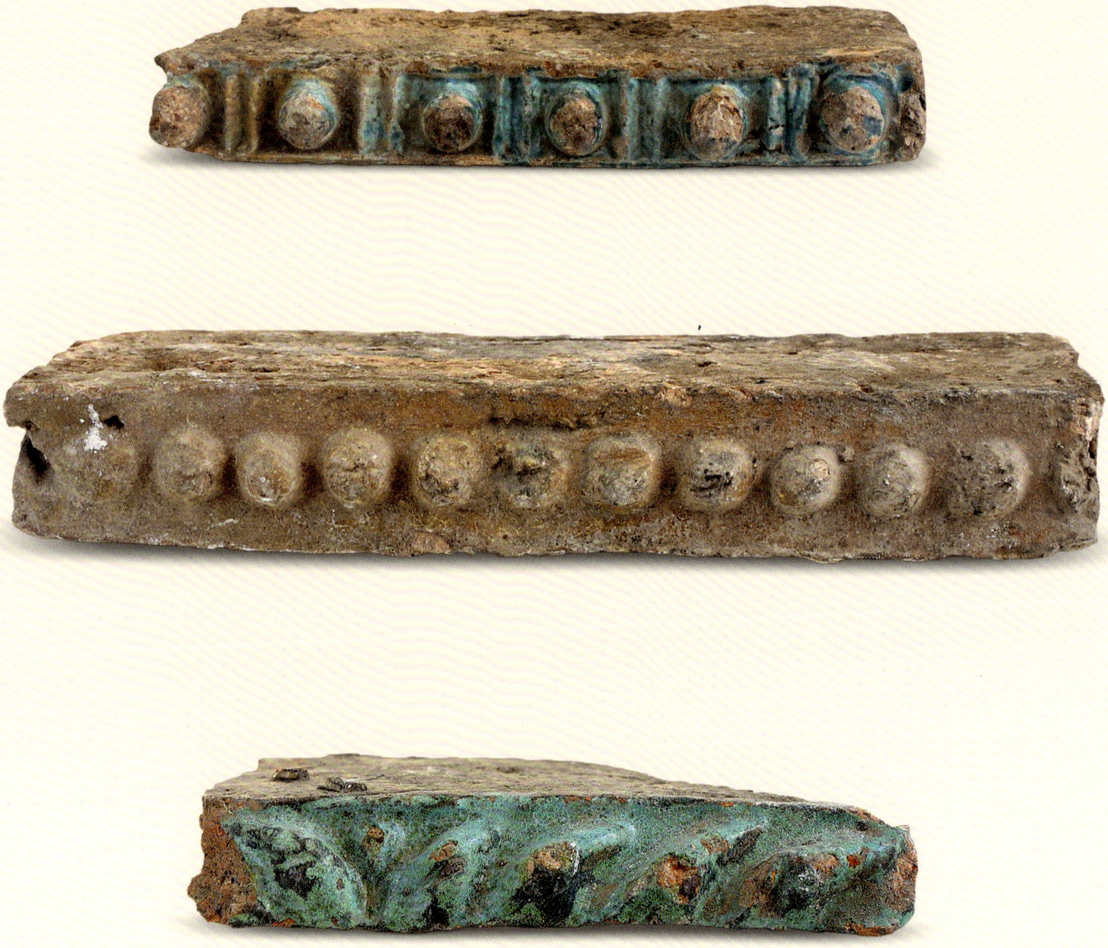

押带条

汗王宫遗址出土

长14～27.2、宽7.8～8.9、高2.2～4.5厘米

灰陶莲花纹脊砖

汗王宫遗址出土
长31、宽18.3、高9.3厘米

蓝琉璃板瓦

汗王宫遗址出土
长27.5、宽22～27.3、高2.2厘米

蓝琉璃莲花纹瓦当

汗王宫遗址出土

宽14.2、高11.8、厚1.3～2厘米

灰陶兽面纹瓦当

汗王宫遗址出土

宽11.5、高11.4、厚0.8～1.9厘米

绿琉璃莲花纹滴水

汗王宫遗址出土

宽20、高11.5、厚1.3～3.6厘米

蓝琉璃莲花纹滴水

汗王宫遗址出土

宽18.5、高11.5、厚1.1 ~ 2.3厘米

黄琉璃莲花纹滴水

汗王宫遗址出土

宽14.7、高9.8、厚1.1 ~ 2.8厘米

满文“天命通宝”铜钱

汗王宫遗址出土

直径2.8、孔径0.5、厚0.1厘米

40

喀左丹巴多尔济墓

位于喀喇沁左翼蒙古族自治县
南公营子乡七间房后坟村。
1967年被掘毁，
1982年辽宁省博物馆进行了调查。
墓园呈正方形，
丹巴多尔济及妻合葬墓位于墓园东部。
随葬冠带服饰、银簪、金壳怀表等共计43件，
墓内出土的丝织品大部分保存完好。
丹巴多尔济（？～1813年），
喀喇沁左旗第九任扎萨克。
乾隆五十六年（1791年）任乾清门行走。
嘉庆八年（1803年），
清仁宗颙琰拜谒东陵回来，
銮舆过神武门，
突遇御厨子陈德（白莲教干将）拦驾行刺，
丹巴多尔济救驾有功，
晋升为御前大臣。
嘉庆十八年（1813年）卒，
灵柩运回南公营子埋葬。
嘉庆皇帝颁御旨、赐银两、追封郡王。

丹巴多尔济墓出土陀罗尼经被

吉语镀金银钱

喀左丹巴多尔济墓出土

直径2.2厘米

镀金银覆仰花式顶座

喀左丹巴多尔济墓出土

底径3.2、高1.15厘米

翡翠扳指

喀左丹巴多尔济墓出土
直径2.2～2.35、长2.5厘米

翠翎管

喀左丹巴多尔济墓出土
直径1.55、通长6.2厘米

洋金壳怀表

喀左丹巴多尔济墓出土
直径5.9、通长7.55厘米

白玉鼻烟壶

喀左丹巴多尔济墓出土

口径1.8～2.11、通高6.5～6.75厘米

雕花如意

喀左丹巴多尔济墓出土

长43、最宽9.15厘米

镀金嵌珠宝石带头

喀左丹巴多尔济墓出土

长5.95 ~ 9.45、宽4.95 ~ 5.7厘米

景泰蓝小烟壶

喀左丹巴多尔济墓出土

口径1.4、底径1.75、高3.9厘米

金镶玉项圈

喀左丹巴多尔济墓出土

直径17.4、宽1.4厘米

白玉雕花小如意

喀左丹巴多尔济墓出土

长18.2厘米

白玉鱼龙连环佩

喀左丹巴多尔济墓出土
长3.85、最宽3.35厘米

白玉巧做蘑菇佩

喀左丹巴多尔济墓出土
长5.2、宽5厘米

白玉透雕寿桃梅花活环佩

喀左丹巴多尔济墓出土
长6.1厘米

蓝碧玺朝珠

喀左丹巴多尔济墓出土

蓝碧玺朝珠一挂。蓝碧玺朝珠105枚，红碧玺节珠4枚，宝塔1枚，红碧玺念珠27枚，银镀金镶红宝石背云1枚

碧玉朝珠

喀左丹巴多尔济墓出土

碧玉珠103枚，翠接珠4枚，翠塔1枚，镀金银镶蓝宝石背云1枚，红宝石坠1枚，翡翠念珠15枚

香木手串

喀左丹巴多尔济墓出土

黑色香木珠101枚，红玛瑙珠4枚，珊瑚头珠1枚，宝塔1枚

玛瑙串珠

喀左丹巴多尔济墓出土

玛瑙珠22枚，蜜蜡珠14枚，碧玺珠1枚，碧玺宝塔1枚

绿松石串珠

喀左丹巴多尔济墓出土

绿松石枣核形珠18枚，自然形头珠1枚

绣花荷包

喀左丹巴多尔济墓出土
最宽10.4、最高7.5、穗长26厘米

花玛瑙小龟

喀左丹巴多尔济墓出土
宽3.15、高1.65厘米

辽宁省历年获全国十大考古新发现一览表

获奖年度	项目名称	时代
1993	辽宁绥中元代沉船水下考古调查	元
1996	辽宁北票喇嘛洞三燕文化墓地	魏晋南北朝
1997	辽宁绥中姜女石秦汉行宫遗址	秦汉
1998	辽宁北票康家屯石城址	青铜时代
1999	辽宁桓仁五女山山城遗址	汉—唐
2003	辽宁凌源牛河梁遗址第十六地点	新石器时代
2004	辽宁朝阳十六国三燕龙城宫城南门遗址	魏晋南北朝
2011	辽宁建昌东大杖子战国墓地	战国

结语

六十载斗转星移，从机构初创到三大考古工作站的建立完善，从立足科研到重大考古发现的不断涌现，辽宁考古事业取得了许多辉煌成就，经历了无数艰辛磨炼。今天，在迎来辽宁考古六十年之际，我们选取最能代表辽宁地域文化特色、体现中华文明卓越成就的文物精品，举办本展览，旨在向全社会宣传考古工作的主要成果，提高公众的文物保护意识，为弘扬文化传统、守护精神家园做出应有贡献。同时，鼓舞鞭策当代辽宁考古人，秉承攻坚克难、团结向上的优良传统，以抢救、保护、研究、服务为己任，再续辽宁考古事业的辉煌！